essentials

Essentials liefern aktuelles Wissen in konzentrierter Form. Die Essenz dessen, worauf es als „State-of-the-Art" in der gegenwärtigen Fachdiskussion oder in der Praxis ankommt. Essentials informieren schnell, unkompliziert und verständlich

- als Einführung in ein aktuelles Thema aus Ihrem Fachgebiet
- als Einstieg in ein für Sie noch unbekanntes Themenfeld
- als Einblick, um zum Thema mitreden zu können

Die Bücher in elektronischer und gedruckter Form bringen das Expertenwissen von Springer-Fachautoren kompakt zur Darstellung. Sie sind besonders für die Nutzung als eBook auf Tablet-PCs, eBook-Readern und Smartphones geeignet.

Essentials: Wissensbausteine aus den Wirtschafts, Sozial- und Geisteswissenschaften, aus Technik und Naturwissenschaften sowie aus Medizin, Psychologie und Gesundheitsberufen. Von renommierten Autoren aller Springer-Verlagsmarken.

Hanspeter Lanz

# Konfliktmanagement für Führungskräfte

Konflikte im Team erkennen und nachhaltig lösen

Hanspeter Lanz
Frankfurt am Main
Deutschland

ISSN 2197-6708                          ISSN 2197-6716 (electronic)
essentials
ISBN 978-3-658-10594-5                  ISBN 978-3-658-10595-2 (eBook)
DOI 10.1007/978-3-658-10595-2

Die Deutsche Nationalbibliothek verzeichnet diese Publikation in der Deutschen Nationalbiblio-
grafie; detaillierte bibliografische Daten sind im Internet über http://dnb.d-nb.de abrufbar.

Springer
© Springer Fachmedien Wiesbaden 2016


Gedruckt auf säurefreiem und chlorfrei gebleichtem Papier

Springer Fachmedien Wiesbaden ist Teil der Fachverlagsgruppe Springer Science+Business Media
(www.springer.com)

# Was Sie in diesem Essential finden können

- Bei Konflikten ist die Suche nach eindimensionalen Ursachen oder linearen Beweggründen zu oberflächlich und führt nicht zum Ziel. Lösungsdienlicher ist es, über den Tellerrand hinaus zu schauen und in der Kommunikation zwischen den Konfliktbeteiligten einen Prozess zu sehen, aus dem irgendwann ein Kreislauf entstand.
- Sie erfahren, warum der Prozess-Blick in Konfliktfällen dem linearen Blick überlegen ist und bekommen einen Einblick in systemisches Denken.
- Darüber hinaus wird vermittelt, was systemische Interventionen bezwecken und wo sie bei Konflikten und Problem ansetzen.
- Schlussendlich werden mit einer Liste systemischer Fragen und Beispielen möglicher „Verhaltensspiele" konkrete Hilfsmittel vorgestellt, mit denen Führungsverantwortliche in ihrem eigenen Umfeld auftauchende oder schwelende Konflikte selbst analysieren und angehen können.

# Vorwort

Der praktische Alltag in Unternehmen zeigt, dass überall, wo Menschen in Teams zusammen arbeiten, Konflikte entstehen können. Wenn es dann unter den Mitarbeitern nicht mehr so läuft, wie es soll, stoßen viele Führungskräfte rasch an die Grenzen ihrer Führungswerkzeuge und erleben vor allem dann eine Macht- und Hilflosigkeit, wenn sie wieder produktives Zusammenarbeiten und Harmonie ins Team bringen wollen. Das vorliegende Essential zeigt hilfreiche Perspektiven zur Diagnose sowie Lösungsmöglichkeiten und -instrumente für Konflikte in Teams auf.

# Inhaltsverzeichnis

# Einleitung 1

## 1.1 Hilfe! Konflikt in meinem Team!

Manchmal muss man aus seinem Bild heraustreten, um im Bild zu sein.

In jedem Unternehmen sind zwischenmenschliche Konflikte allgegenwärtig. Wenn Führungsverantwortliche spüren, dass die Zusammenarbeit nicht mehr funktioniert und die Harmonie im Team gestört ist, hilft nur noch eine professionelle Herangehensweise, um die Konflikte umgehend abzustellen. Denn schwelende Konflikte senken die Produktivität und kosten Zeit und Nerven – je länger, desto mehr.

Im Arbeitsalltag sieht die Realität allerdings oft anders aus: Es müsste sich in der Abteilung etwas ändern, aber trotz aller Anstrengungen, Appelle und Meetings bewegt sich praktisch nichts. Man dreht sich nur noch im Kreis und scheint festzustecken und je mehr man unternimmt, desto schlimmer wird die Situation.

In diesem Essential werden in vier Absätzen anhand einer konkreten Konfliktsituation Lösungsmöglichkeiten und -instrumente vorgestellt, durch die das Selbst- und Rollenverständnis der beteiligten Führungskraft sensibilisiert und gestärkt werden kann.

Der erste Teil skizziert einen realen Team-Konflikt, wie er in der Praxis immer wieder vorkommt. Im zweiten Kapitel wird dann zunächst klassisch untersucht, wo das Problem eigentlich liegt, also nach kausalen Gründen, Anlässen und Schuld am Entstehen des Konfliktes gesucht. Danach wird im dritten Absatz zu einem Blick aus systemischer Perspektive animiert, um nicht nur das Verhalten der streitenden Individuen zu sehen, sondern das „Gesamtsystem" und mögliche „Teufelskreise" zu berücksichtigen. Dieser Abschnitt beschreibt auch das mögliche Vorgehen eines externen Experten und insbesondere, welche konkreten Fragen diesen zu einem klaren Analyse-Bild führen. Und im letzten Teil werden anhand

© Springer Fachmedien Wiesbaden 2016
H. Lanz, *Konfliktmanagement für Führungskräfte*, essentials,
DOI 10.1007/978-3-658-10595-2_1

einer Liste systemischer Fragen und von Beispielen möglicher „Verhaltensspiele" konkrete Hilfsmittel vorgestellt, mit denen Führungsverantwortliche in ihrem eigenen Umfeld auftauchende oder schwelende Konflikte selbst analysieren und angehen können.

## 1.2   Ein Fallbeispiel

Es liegt in der menschlichen Natur, vernünftig zu denken und unvernünftig zu handeln. (Anatole France)

Der Anruf beim Berater wurde von der Personalabteilung angekündigt. Arno Amend (alle Namen und Personen sind frei erfunden), seit einem Jahr Gruppenleiter in der Projektabteilung einer Verkehrsgesellschaft, braucht Hilfe. „Ich habe einen Konflikt in einem meiner Teams!". Sein Vorgänger, Thom Kurz, wurde befördert und ist heute Amends Abteilungsleiter. Bis vor einem Jahr war der Fünfunddreißigjährige noch selbst Projektmitarbeiter in dieser Gruppe, nun ist er also Chef seiner ehemaligen Kollegen. Innerhalb seiner Gruppe hat er für bestimmte Themengebiete Teams gebildet, die sich über fachspezifische Aufgaben und Vorgehensweisen definieren.

Das Team „Streckenplanung" besteht aus drei gleichberechtigten Personen: Bea Neu (28), Maja Stein (35) und Peer Fuchs (50), der einen Migrationshintergrund hat und Deutsch mit Akzent spricht. Frau Neu ist zudem Stellvertreterin von Gruppenleiter Amend. Das Team ist in starke interne Konflikte verstrickt.

Amend hat rasch gemerkt, dass das Trio nicht harmoniert und die beiden Damen ständig mit Kollege Fuchs im Clinch liegen. Deshalb hat er, sofort, nachdem er den Streit entdeckt hatte, an die drei Kollegen appelliert, sich doch zu vertragen: „Das muss unter erwachsenen Menschen doch möglich sein!" Doch nichts ist passiert. Im Streckenplanungsteam herrschen weiterhin Misstrauen und gegenseitige Vorwürfe, sodass Amend sich nach einigen Wochen genötigt sieht, weitere Gegenmaßnahmen zu ergreifen. In einer internen Teamentwicklung zu viert – in der er die Rolle des Moderators übernimmt – werden mittels Teambarometer die Stimmung in der Mannschaft reflektiert und danach Werte und Kommunikationsregeln für eine kollegiale Zusammenarbeit definiert. Ziel: sachlich über die anstehenden Themen diskutieren und einen kollegialen Umgangston vereinbaren. Darüber hinaus setzt er seine Stellvertreterin, Frau Neu, auf Mitarbeiter Fuchs an: „Kümmere Dich mal etwas intensiver um Fuchs – da kannst Du schon mal erste Führungserfahrungen machen."

Gefruchtet haben die Maßnahmen – von außen betrachtet – jedoch nicht: Nach Aussagen von Frau Neu sind die Leistungen von Herrn Fuchs ungenügend und das Manko muss von den anderen durch Mehrarbeit kompensiert werden. Die Bereitschaft von Fuchs, seine Kolleginnen von sich aus über den Gang seiner Projekte auf dem Laufenden zu halten, sei gleich Null. Auch mit den übrigen, an Projekten beteiligten Abteilungen kommuniziere Projektleiter Fuchs übrigens nur das Nötigste. Das führe dazu, dass die Mitarbeiter anderer Bereiche sich immer öfter direkt an die beiden Damen wenden, um sich nicht mit Kollege Fuchs auseinandersetzen zu müssen. Das Resultat: Oft bekommen die beiden Projektmanagerinnen Anfragen zu Themen von Fuchs, die sie völlig auf dem falschen Bein erwischen, und können nicht antworten, weil ihnen Informationen fehlen. Die Angefragten empfinden das als unangenehm, weil der Eindruck entstehe, man kommuniziere nicht einmal innerhalb des Teams. Darüber hinaus sei es ärgerlich für die Kollegen der anderen Abteilungen, die die Informationen oft dringend brauchen. Nach den Schilderungen steigen Ärger und Druck bei Bea Neu und Maja Stein seit Monaten, während Fuchs sich weiter wie ein Autist um seine Projekte kümmere.

Wenn Neu und Stein ihren Kollegen damit konfrontieren, sieht er keine Fehler bei sich selbst, sondern fühlt sich ungerecht behandelt: „Bei mir hat sich niemand beschwert". Regelmäßig gipfelt die Diskussion dann in weiteren Vorwürfen und Gegenvorwürfen und endet mit frustriertem Schweigen. Die Kolleginnen fühlen sich macht- und hilflos und werden immer wütender. Vor allem Frau Neu rotiert schon beängstigend schnell im Hamsterrad, denn sie ist mit dem Auftrag von Amend, Fuchs zu kooperativerem Verhalten zu bringen, völlig überfordert. Alle sind mit ihrem Latein am Ende.

„Wie kann der Konflikt abgestellt und wieder produktives Zusammenarbeiten ins Team gebracht werden? Wo könnte die Lösung liegen?" fragt Amend den Berater.

# Der lineare Blick – Wo liegt das Problem? 2

*Alles Denken ist Zurechtmachen.*
*(Christian Morgenstern)*

Mitarbeiterführung ist keine einfache Disziplin. Das gilt ganz besonders bei Konflikten am Arbeitsplatz. In diesen Situationen ist die zentrale Frage für jede Führungskraft: „Wie kann der Konflikt abgestellt werden; das heißt: Wie kann ich auf meine Mitarbeiter und ihr Verhalten Einfluss nehmen, damit sich etwas verändert?"

Amend hat es bereits mit eigenen Initiativen versucht, das Ziel jedoch noch nicht erreicht. Das ist bisher geschehen:

## 2.1 Suche nach Gründen und Ursachen

Amend wollte das Problem an der Wurzel packen, weshalb seine Aufmerksamkeit zuallererst den Gründen, Ursachen und Auslösern des Konflikts galt. Er machte sich erst einmal ein Bild über den Streit und darüber, wer Schuld hat an der Situation, was der Anlass ist und welche Gründe dahinter stecken. In erster Linie sind das Fragen wie:

1. Wo liegt das Problem?
2. Was ist die Ursache für den Konflikt, wodurch ist er entstanden?
3. Wer ist der Verursacher, wer ist schuld?

Natürlich schwangen bei Amend, wenn er sich ein Bild von der Konfliktsituation machte, auch seine persönlichen Eindrücke mit, die er von seinen drei Mitarbeitern hat. Bea Neu beispielsweise ist BWL-Absolventin und erst seit einem Jahr in der Abteilung. Sie ist im Nachwuchspool der Verkehrsgesellschaft und vertritt Amend

© Springer Fachmedien Wiesbaden 2016
H. Lanz, *Konfliktmanagement für Führungskräfte*, essentials,
DOI 10.1007/978-3-658-10595-2_2

als Gruppenleiter. Sie hat noch keine Führungserfahrung. Für Amend ist sie eine dynamische, junge Nachwuchskraft, ehrgeizig und sehr engagiert. Sie ist verlässlich, serviceorientiert und sehr beliebt bei allen Abteilungen, weil sie neuen Wind ins Haus gebracht hat. Er vertraut ihr, weil sie ihn immer über die Geschehnisse und Projekte im Team auf dem Laufenden hält. Dafür ist er bereit, sie zu fördern.

Maja Stein ist seit Jahren in der Organisationsabteilung und hat beste Beziehungen zu allen anderen Abteilungen. Amends Bild: Sie harmoniert sehr gut mit Frau Neu, welche sie am Anfang eingearbeitet hat. Sie ist loyal, fleißig, serviceorientiert und kennt das Unternehmen aus dem Effeff. Sie ist sozusagen das „Mädchen für alles", man kann sich immer auf sie verlassen.

Peer Fuchs ist seit 20 Jahren in der Abteilung und war schon immer ein Einzelgänger. Keiner in der Abteilung hat eine engere Beziehung zu ihm. Auch Amend ist noch nicht „mit ihm warm geworden" und erlebt ihn als introvertierten, etwas komplizierten Kollegen, teilweise stur. Es ist schwierig, mit ihm zu diskutieren, denn er hat immer das letzte Wort und man kann gegen ihn keine Diskussion gewinnen. Wenn man als Chef etwas erreichen will, muss man es anordnen. Dann spielt Fuchs zwar für kurze Zeit beleidigt, tut aber wenigstens, was man von ihm fordert. Für Amend also ein eher unangenehmer Zeitgenosse.

Amend setzte sich mit seiner Stellvertreterin Neu zusammen und ließ sich die Situation erklären:

*Wo liegt das Problem?* Die Stimmung im Team „Streckenplanung" ist schlecht, jegliche Harmonie, die es einmal gab, ist verschwunden. Konkret spielt sich der Konflikt zwischen den Kolleginnen Neu und Stein auf der einen Seite und Fuchs als Gegenpartei ab. Zudem hat die Gruppe ein schlechtes Image, denn aus Sicht von außen weiß der Eine nicht, was der Andere tut, und Informationen vor allem zu Fuchs Projekten fließen spärlich und immer nur nach Rückfrage. Folgerung: Das Problem ist mangelnde kooperative Zusammenarbeit.

*Was ist die Ursache für den Konflikt, wodurch ist er entstanden?* Aufgrund der Beobachtungen und Erzählungen hat sich für Amend folgendes Bild ergeben: Neu und Stein sind sauer, denn sie fühlen sich von ihrem Kollegen Fuchs nicht ernst genommen. Die beiden engagieren sich übermäßig, um die Mängel von Fuchs auszumerzen, von Fuchs hingegen ist keinerlei Entgegenkommen zu erwarten. Das Klima ist vergiftet und das Trio blockiert sich durch gegenseitige Vorwürfe und Misstrauen selbst. Harmonie und Kooperation fehlen völlig.

Die Ursache liegt anscheinend bei Peer Fuchs. Dieser kommuniziert viel zu wenig mit seinen Kolleginnen und den anderen Abteilungen des Hauses. Er informiert nicht von sich aus über die Projektentwicklung, sondern man muss ihm jede

Information „aus der Nase ziehen". Er arbeitet an den Projekten, als ob nur er ganz alleine davon betroffen wäre, und kein Mensch weiß über Stand, Einzelheiten, Termine und mögliche Probleme der unterschiedlichen Vorhaben Bescheid. Damit können die beiden Kolleginnen vor allem im Fall von Fuchs Abwesenheit keinerlei Auskünfte zu seinen Projekten geben und auch sonst seine sogenannte Unzulänglichkeit nicht ersetzen. Dadurch entstehen Mehrarbeit, Informationsdefizite und Probleme bei der Abstimmung innerhalb der Projekte. Darüber hinaus können innerhalb des Teams Spitzenbelastungen nicht ausgeglichen werden und bei Fuchs Abwesenheit ist keine adäquate Stellvertretung möglich, weil keiner weiß, was bei ihm auf dem Schreibtisch liegt. Das wirft natürlich ein schlechtes Bild auf die gesamte Mannschaft und der ganze Frust der anderen Abteilungen fällt immer wieder auf die Kolleginnen Neu und Stein zurück, weil keiner sich mit Fuchs auseinandersetzen will. Das Image ist längst ramponiert und man spricht bereits hinter vorgehaltener Hand über das Streckenplanungsteam.

Obwohl die beiden Kolleginnen – laut ihren Aussagen – Fuchs immer wieder mit dem Thema und den Reklamationen der anderen Abteilungen konfrontieren, zeige er sich jeweils uneinsichtig und schiebe das Problem auf unvorhersehbare Entwicklungen oder übertriebenes Informationsbedürfnis der anderen. Sie sollen sich nicht so anstellen – er habe schließlich alles im Griff und noch keine wichtige Projekt-Deadline verpasst. Nie sähe er ein Manko oder Fehler bei sich. Das verstärkt die Aggression der Kolleginnen.

So gesehen liegt die Ursache des Konfliktes zwischen Neu und Stein einerseits und Fuchs andererseits in ungenügendem gegenseitigem Austausch, zu wenig selbständigem Projektreporting und fehlender Abstimmung zwischen Fuchs und seinen Kolleginnen. Für Amend ein typischer Kommunikationskonflikt, weshalb er auch bereits den ersten Teamworkshop so gestaltete, dass die Kommunikation und Umgangsregeln im Mittelpunkt standen.

*Wer ist Verursacher, wer ist schuld?* Aufgrund dieser Beobachtungen ist sich Amend sicher, dass das Problem bei Peer Fuchs bzw. dessen Verhalten zu verorten ist. Vor allem aus Sicht der beiden Kolleginnen verhält sich Fuchs unkooperativ und macht ihnen damit das Leben schwer. Auf Kritik reagiert er jeweils unreflektiert und mit Gegenvorwürfen, sieht keine Fehler bei sich selbst, sondern beklagt sich über seine beiden Kolleginnen, die ständig an ihm „rumnörgeln" und denen er aber auch gar nichts recht machen kann. Es mangelt also an vorhandener Einsicht und Bereitschaft, sein Verhalten zu ändern.

*Wo steht Amend nun?* Er schließt aus seiner Analyse, dass der Hebel bei Fuchs angesetzt werden muss, denn wenn dieser „wieder richtig funktioniert", sollten das

Problem und der Konflikt aufgelöst sein. Fuchs muss also zu besserer Kommunikation gebracht werden und dazu, einzusehen, dass der Grund für die Unzufriedenheit in seinem Verhalten liegt und dass er etwas an seinem Verhalten verändern muss. Die Annahme: Wenn Fuchs Verhalten angemessener wird, dann sind auch Neu und Stein wieder happy.

Wie bringt Amend Fuchs nun zu dieser Verhaltensänderung? Welche Handlungsmöglichkeiten können den Konflikt bei diesem Befund entschärfen? Alle Ansätze müssten – aus dieser Perspektive betrachtet – die Zielrichtung haben, Fuchs zu einer Verhaltensveränderung zu bringen. Amend stehen unter anderem folgende alternativen Vorgehensweisen offen:

**Auf Einzelgesprächsebene könnte er**

- ein Mitarbeitergespräch mit Fuchs führen, um Gründe zu identifizieren und Lösungen zu vereinbaren,
- ein Kritikgespräch mit Androhung von Bestrafung, Streichen der Jahresgratifikation, etc. führen,
- Fuchs eine schlechte Jahresbeurteilung geben, mit der Hoffnung, dass er sich dann bessere.

**Und auf Teamebene wäre es beispielsweise möglich**

- einen weiteren Team-Workshop anzusetzen, mit dem Fokus auf die Bedürfnisse aller und gemeinsam erarbeitete Kommunikationsregeln sowie einem Versprechen, diese einzuhalten,
- einen neutralen, externen Moderator mit einer Konfliktmoderation zu beauftragen,
- Fuchs in ein anderes Team zu versetzen.

Aber: Was ist, wenn sich im kollegialen Einzelgespräch herausstellt, dass Fuchs selbst gar kein gravierendes Problem und keinerlei Verfehlungen seinerseits sieht, sondern dass aus dessen Sicht alle Projektbeteiligten immer über die nötigen Informationen verfügten und sich bei Fuchs noch nie jemand beschwert habe. Dass lediglich die beiden Kolleginnen ständig an ihm herumkritisieren würden und er sich deshalb gemobbt fühle und zurückziehe. Was, wenn sich durch die verschiedenen Maßnahmen der Konflikt nicht lösen lässt, wenn das Problem woanders liegt?

Amend fühlt sich unsicher, denn seine Informationen geben ihm lediglich ein eindimensionales Bild über eine Problematik, die sich als komplexer als gedacht herausstellen könnte.

Obwohl er den – sich auf den ersten Blick aufdrängenden – „Schuldigen" ausgemacht hat, ist sich Amend der Gefahren von Druck und Zwangsmaßnahmen bewusst, denn es fehlt ein Motiv oder Zeichen „böser Absicht", um Fuchs in einem Kritikgespräch mit Strafe oder schlechter Jahresbeurteilung zu drohen. Stärkerer Druck könnte zudem zu noch mehr Rückzug führen. Aber auch eine weitere Teammaßnahme würde – wenn sie so läuft wie die erste – mit großer Wahrscheinlichkeit auf der Suche nach Ursachen und Verursachern zu keiner Klärung führen, zu keinem Bild, wo man konkret an der Wurzel ansetzen kann. Letztlich befürchtet Amend, dass die Teammitglieder sich nur weiter in gegenseitige Vorwürfe hinein steigern, denn das Problem sieht jeder aus seiner Perspektive beim anderen. Genau hier stößt er an die Grenzen seiner eindimensionalen Ursachensuche.

## 2.2  Grenzen der analytisch-linearen Vorgehensweise

Amend hat sich auf die Suche nach der Lösung des Problems gemacht. Mit seinem kausal-linearen Denkansatz knüpft er an eine alte Tradition unter Menschen an, die sich auf die erlebte Erfahrung stützt, dass jede Situation eine Ursache hat, die kausal mit ihr zusammenhängt. Sie ist geprägt von dualistischen Denkkategorien wie „Ursache – Wirkung", „Täter – Opfer", „wenn ich X tue – dann geschieht Y" bzw. „wenn Y eintritt, bedeutet das, dass X geschehen ist". Komplexe Situationen werden durch simple plausible Beziehungen vereinfacht, indem kausale Verbindungen „erdacht" werden, die nicht unbedingt direkt zusammen gehören müssen. Beispielsweise „Rauchen verursacht Krebs". Eine weitere Ausprägung ist, dass sich Menschen ein Bild von anderen machen und diesen feste Eigenschaften zuschreiben: A ist kooperativ, zuverlässig, fleißig; B ist stur, egoistisch,…. Diese Vorgehensweise hat sich vielleicht deshalb über lange Zeit bewährt, weil sie es scheinbar einfacher macht, die Welt zu verstehen und Struktur in die Findung von Problemlösungen zu bringen.

Im Grunde stößt man hier allerdings recht schnell an die Grenzen der linearen Vorgehensweise, denn der „Wenn-Dann"-Denkansatz führt meist nur bei relativ einfachen Zusammenhängen zu sinnvollen Antworten. Kopfschmerzen sind schließlich auch nicht einfach ein Mangel an Acetylsalicylsäure. Selbst wenn es beispielsweise in einem gewissen Ausmaß zutreffen mag, dass Rauchen Krebs verursacht, ist es als Verallgemeinerung oder Problemanalyse – also für jeden Einzelfall geltend – nicht zutreffend, denn schließlich gibt es auch Lungenkrebspatienten, die nie geraucht haben, oder Raucher, die nie erkranken.

Auch die Schuldfrage führt in aller Regel nicht zu Klarheit, sondern eher zu Abwehrreaktionen, denn schuld sein wird landläufig mit „böse sein" oder „schlecht sein" verbunden, weshalb keiner der Schuldige sein will. Im Gegenteil: Bei Konflikten führt dies zu einem Schwarzer-Peter-Spiel, bei dem jeder versucht, die Schuld den anderen zuzuweisen. Schuldzuweisungen sind Abwertungen und führen allzu oft zu kontraproduktiven Schuldzuweisungskreisläufen. Weil Menschen jedoch akzeptiert und wertgeschätzt werden möchten und sich nicht abgewertet fühlen wollen, verhärten Schuldzuweisungen die Fronten nur noch mehr und die Beteiligten sind meistens hauptsächlich mit sich selbst beschäftigt und nicht mehr in der Lage, auf der Sachebene zielorientiert zusammenzuarbeiten. In Teams mit gemeinsamen Aufgaben und Abhängigkeiten ist die Suche nach Schuldigen deshalb ziemlich kontraproduktiv.

Hinter der linearen Ursachensuche steht eigentlich die Frage „Warum?", auf die eine kausale „Weil"-Antwort gesucht wird. Dies gelingt in der Regel ganz gut zur Erklärung von Verhaltensweisen bei eindimensionalen Zusammenhängen wie bei einfach funktionierenden Mechanismen oder Geräten, bei denen unstrittig ist, dass auf eine Aktion eine ganz triviale Reaktion folgt. In der Informatik gibt es dafür den scherzhaften Spruch „gigo" („garbage in – garbage out"), der besagt, dass ein Computersystem mit großer Wahrscheinlichkeit ein unsinniges Resultat auswirft, wenn eine falsche oder unsinnige Eingabe erfasst wird. Auch beim Thermostatventil beispielsweise wird der Durchfluss der Heizflüssigkeit abgedreht, wenn die gewünschte Umgebungstemperatur erreicht ist und umgekehrt.

Bei komplexeren Themen stößt diese Herangehensweise allerdings sehr schnell an ihre Grenzen. Zu diesen komplexen, nicht-trivialen Mechanismen gehören eben auch die menschlichen Verhaltensweisen mit ihren vielfältigen Beweggründen. Zusammenarbeit im Team und daraus entstehende Konflikte können deshalb mit der linear-kausalen Denkweise nicht mehr angemessen analysiert werden, denn in Beziehungen ist der Ursprung eines Verhaltens nicht mehr auf *den einen* Beteiligten reduzierbar, da Verhalten jeweils eine Re-Aktion auf Verhalten bedeutet.

**Beispiel**

Ein Chef beanstandet, dass sein neuer Assistent, der sich noch in der Probezeit befindet, zu viele Fehler macht. Daraufhin wird der Mitarbeiter nervös und ihm unterlaufen noch mehr Fehler. Je mehr Druck der Chef macht und den Assistenten kontrolliert, desto nervöser wird dieser. Würde man nun mit der linearen Sichtweise die Ursache dieses Problems formulieren, dann zöge man den Schluss, dass der Chef Druck macht, *weil* der Mitarbeiter nicht befriedigend arbeitet. Mit Abstand betrachtet muss jedoch auffallen, dass diese

Diagnose eine rein willkürliche Hypothese darstellt, denn man kann die Angelegenheit auch umgekehrt sehen: Der Assistent ist unsicher, weil er noch in der Probezeit ist, und macht umso mehr Fehler, je stärkeren Druck der Chef ausübt. Der von der vorherrschenden Ursache-Wirkungs-Erklärung ausgehende Ansatz kann durch eindimensionale Ursachenzuschreibung hier sogar zu Ungerechtigkeiten führen, zumindest aber zu einem „falschen" Bild, auf dessen Analyse womöglich „falsche" Entscheidungen fallen.

Der Philosoph und Kommunikationswissenschaftler Paul Watzlawick hat das 1987 in seinem Vortrag „Wenn die Lösung das Problem ist" im Evangelischen Hospitalhof Bildungswerk Stuttgart sinngemäß so erklärt:

Die lineare Denkweise sucht die Lösung immer in einem vorgegebenen Denkrahmen, der den Blick begrenzt. Beim *Neun-Punkte-Problem* beispielsweise besteht die Aufgabe darin, neun im Quadrat angeordnete Punkte durch vier gerade Linien zu verbinden, ohne den Stift abzusetzen (siehe Abb. 2.1). Das Charakteristische an dieser Denksportaufgabe ist, dass praktisch jeder versucht, die Lösung *innerhalb* des durch die neun Punkte gezogenen Quadrates zu finden, und damit scheitert. Die Lösung missglückt dadurch, dass man sich ganz unbewusst einer Einschränkung unterwirft, die das Problem aber gar nicht hat. Erst wenn diese Einschränkun gaufgegeben wird, ist eine Lösung des Neun-Punkte-Problems möglich, indem man über das Quadrat hinaus zeichnet (siehe Abb. 2.2). Das Handicap der Lösungsfindung liegt also im Lösungsansatz selbst, nämlich in der selbst auferlegten Begrenzung, die die Lösung unmöglich macht. Die wirkliche Lösung liegt darin, dass die Sicht über den Tellerrand hinaus erweitert und das System vergrößert wird.

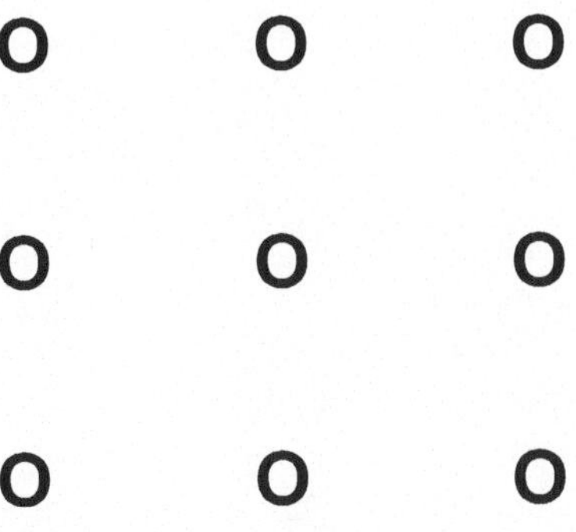

**Abb. 2.1** Neun-Punkte-Problem

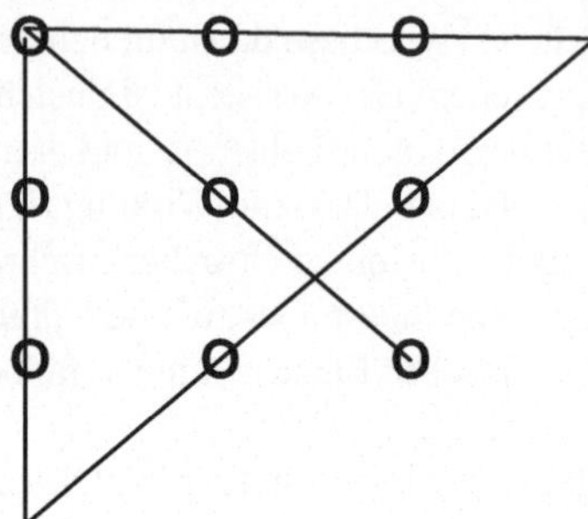

**Abb. 2.2** Lösung Neun-Punkte-Problem

Bei Konflikten und generell bei menschlicher Kommunikation ist die Suche nach eindimensionalen Ursachen oder linearen Beweggründen zu oberflächlich und führt nicht zum Ziel. Lösungsdienlicher ist es hier, über den Tellerrand hinauszuschauen und in der Kommunikation zwischen den Konfliktbeteiligten einen Prozess zu sehen, aus dem irgendwann ein Kreislauf entstand. Diesen zu analysieren bedarf es allerdings weitergehender Instrumente und anderer Grundhaltungen.

# Der Prozess-Blick – Systemische Sichtweise

3

*Von sich zurückzutreten wie ein Maler von seinem Bilde –*
*wer das vermöchte! (Christian Morgenstern)*

## 3.1 Was ist „systemisch"?

Das systemische Denken ist quasi das Gegenmodell zur linear-kausalen Betrachtungsweise. Der systemische Ansatz hat seine Wurzeln in der Psychotherapie, wo in der zweiten Hälfte des vergangenen Jahrhunderts die Familientherapie entstand, und er wird seit den 80er-Jahren immer mehr auch in der Organisationsberatung und der Konfliktmediation eingesetzt.

Aus systemischer Sicht führt die kausal-analytische Vorgehensweise zu einer vorschnellen Vereinfachung komplexer Situationen, denn die Wirklichkeit ist viel komplizierter, als sie zunächst erscheinen mag. Sie geht deshalb davon aus, dass vielschichtige Probleme nicht dadurch gelöst werden können, dass der Handlungsfokus auf einen einzelnen Problemträger gerichtet wird. Man hält es für sinnvoller, die Betrachtungsweise auf das jeweils wirksame System zu richten und sich anstatt mit Ursachen mit beeinflussenden Kriterien zu beschäftigen.

**Was ist ein System?** Ein System ist eine Einheit, die sich aus mehreren Komponenten zusammensetzt, die so miteinander verbunden und aufeinander bezogen sind, dass sie nur als Ganzes funktioniert. Das Gefüge ist unteilbar, aufgeteilt in Einzelelemente funktioniert es nicht. Der menschliche Körper beispielsweise ist ein System, wobei das Gehirn selbst wieder als selbstständiges (Sub)System betrachtet werden kann. Weitere Beispiele: ein Mobile, das ökologische Klima, die Weltwirtschaft, aber auch Fahrzeuge wie Automobile.

© Springer Fachmedien Wiesbaden 2016
H. Lanz, *Konfliktmanagement für Führungskräfte*, essentials,
DOI 10.1007/978-3-658-10595-2_3

Ist der berühmte chinesische Sack Reis ein System? Nein! Denn man kann sowohl ein Kilo davon entnehmen oder einen weiteren Sack dazu leeren, es bleibt ein Sack Reis. Ein einzelnes Reiskorn hingegen ist ein System, denn es besteht aus vielen mikroskopisch kleinen Komponenten, die zusammen in der Lage sind, wenn das Reiskorn ausgesät wird, auszutreiben und zu wachsen. Eine spanische „Paella" wiederum ist – obgleich sie auch aus unterschiedlichen Teilen wie Reis, Fleisch, Gemüse und Safran besteht – kein System, weil die Zutaten nicht zu einem bestimmten Ganzen miteinander „verwachsen" und sie sozusagen nicht Eins wird.

Das ist das zweite Charakteristikum von Systemen: sie sind immer mehr als die Summe ihrer Einzelteile und sie werden durch die Verbindung, das „Verwachsen", zu etwas Neuem, Eigenem. Unser Körper besteht aus Knochen, Blutkreislauf und vielen Organen, die alleine – als Einzelteile – nicht leben können. Wenn man ihn auseinander nimmt, ihm etwa das Herz oder die Nieren entfernt, funktioniert er nicht mehr. Ein Auto hat die Fähigkeit zu fahren, seine Einzelteile – beispielsweise ein einzelnes Rad oder der Motorblock – können sich von selbst nicht in Bewegung setzen. Nur durch die komplexe Beziehung der einzelnen Elemente untereinander und durch die daraus entstehenden Wechselwirkungen sind unser Körper oder ein Pkw in der Lage, die zugedachte Aufgabe zu erfüllen.

Das macht das Ganze zu einer komplexen Angelegenheit, die nicht linear-kausal gesteuert werden kann. Bei einem Mobile beispielsweise kann ein einzelnes Glied zwar bewegt werden. Durch seine Verbundenheit mit dem Ganzen ist die Steuerung, also die genaue Planung, was bei einer Bewegung eines Teiles mit den anderen Teilen und den Verbindungen passiert, jedoch nicht klar zu berechnen. So geht die systemische Sichtweise nicht davon aus, dass komplexe Systeme zielgenau beeinflusst werden können, sondern dass Veränderungen lediglich durch Impulse von außen im Sinne von „Verstörungen" angestoßen und durch Reflexion weiter entwickelt werden können.

Familien, Unternehmen, Organisationen – auch Arbeitsteams – funktionieren als soziale Systeme ebenfalls in einer gegenseitigen Beziehungsstruktur.

**Annahmen Systemischen Denkens und Handelns**

*Verhalten ist immer kontextbezogen* Als mein Bruder und ich noch klein waren, haben sich unsere Eltern oft gewundert, wie lieb wir zueinander sein konnten, wenn wir bei den Großeltern übernachteten. Zu Hause hingegen waren wir wie Hund und Katz. Menschen haben ein vielfältiges Repertoire an Verhaltensformen und -strategien, das sie jeweils (unbewusst) kontextbezogen anwenden. So gesehen können Verhaltensweisen nur verstanden werden, wenn sie in einen Situationszusammenhang gestellt werden. Ein Mitarbeiter kann sich beispielsweise im Büro völlig zurückhaltend, still und ideenlos verhalten, währendem er nach Feierabend im Verein vor Energie und Kreativität sprüht und als Vereinsvorstand gerne im Mittelpunkt steht und Reden schwingt.

Es macht konsequenterweise auch keinen Sinn, Menschen feste Charakter-eigenschaften zuzuschreiben („die ist kooperativ", „der ist faul") und als destruktiv oder konstruktiv zu werten, denn darin liegen keine Lösungsperspektiven. Wenn jedoch das individuelle Verhalten als Teil eines Interaktionsprozesses in einem besonderen Bezugsrahmen betrachtet wird, der Mensch also lediglich in dieser Situation, in diesem Kontext ein solches Verhalten zeigt, dann beinhaltet diese Perspektive die Chance, dass er sich in einem anderen Kontext durchaus anders verhalten kann. Die systemische Betrachtungsweise bietet damit die Mög-lichkeit, herauszufinden, in welchen Situationen bestimmte Verhaltensformen, die vielleicht im einen Kontext ziemlich unverständlich erscheinen mögen, hilfreich oder zielführend sein können.

*„Die" Wirklichkeit existiert nicht*  Es gibt keine „objektive Wahrheit". Die syste-mische Sichtweise geht davon aus, dass keine absolute Wahrheit existiert, sondern Menschen sich ihre Wirklichkeit ganz individuell „konstruieren". Sie ist jeweils abhängig von der Person, „aus der heraus" sie „gesehen" wird, d. h. von ihrer Wahr-nehmung, ihren bisherigen Lebenserfahrungen und der Rolle, die sie im Moment inne hat. Individuelle „Wirklichkeiten" grenzen sich dadurch voneinander ab, wie jeder Mensch durch seine individuelle Art etwas benennt, bewertet, beschreibt oder von anderem unterscheidet. Diese Prämisse entstammt dem radikalen Kon-struktivismus, einer Erkenntnistheorie, die in den 70er-Jahren durch den Philoso-phen und Kommunikationswissenschaftler Ernst von Glasersfeld begründet wurde und hauptsächlich durch den Bestseller „Anleitung zum Unglücklichsein" von Paul Watzlawick bekannt wurde. Die Chance, die sich aus dieser Sichtweise ergibt, liegt auf der Hand: Wenn Wirklichkeit immer individuell konstruiert ist, heißt das für als problematisch empfundene Verhältnisse, dass man diesen gegenüber eine andere (innere) Position einnehmen und sich damit eine alternative, lösungsorien-tierte Wirklichkeit „erschaffen" kann.

Wenn Führungskräfte also über ihre Teams und den Umgang der Kollegen mit-einander sprechen, wenn sie Muster und Prozesse beschreiben, so sind das „ihre" subjektiven und kontextgebundenen Wahrheiten, die nicht als „richtig" oder wert-frei verstanden werden dürfen, sondern an ihre Sicht der Welt gebunden sind. Bei Teamkonflikten beispielsweise, wenn das Verhalten eines Mitarbeiters vom Vor-gesetzten als problematisch wahrgenommen wird, können die Fokussierung auf das Störende und damit verbundene Generalisierungen (wie „immer", „alles", „ständig"...) den Blick für positive Ansätze, Stärken oder Fähigkeiten dieses

Mitarbeiters völlig ausblenden. So betrachtet sieht der Chef dann nur noch Destruktives oder Negatives. Mit der Idee, dass die empfundene Wirklichkeit lediglich eine subjektive Wahrnehmung darstellt, kann sich der Blick auch für andere Aspekte öffnen und vorher als störend wahrgenommenes Verhalten kann vielleicht aus einer neuen Perspektive als lösungsorientiert und hilfreich „entdeckt" werden. Es muss also nicht immer so sein, wie man glaubt, dass es ist. Bei geschilderten Problemen in einem Team stellt die systemische Herangehensweise deshalb auch nicht die Frage „Was ist das Problem?", weil das ja heißen würde, dass man annimmt, „dass das Problem wirklich existiert". Probleme fallen jedoch nicht einfach vom Himmel oder werden durch jemanden erzeugt, sondern man kann sie betrachten als etwas, was durch eine bestimmte Person als problematisch empfunden wird. So gesehen werden sie durch den Problembesitzer in bestimmten Situationen „konstruiert", in denen er seine Wünsche oder Ziele gefährdet sieht. Die Aufmerksamkeit im systemischen Handeln richtet sich deshalb auf die Fragestellung „Wer definiert was und in welcher Situation als Problem?".

*Zirkularität und Muster* Die Systemtheorie geht davon aus, dass Verhalten nicht aus einfachen kausalen Gründen heraus entsteht, sondern dass Tun immer auch Erwidern ist. Das gilt auch für die Kommunikation, weshalb in der Systemarbeit von „zirkulärer Kommunikation" gesprochen wird. Menschen beeinflussen sich ständig wechselseitig, d. h. sie geben Impulse und zeigen Auswirkungen. Ihr Verhalten ist also immer sowohl verursacht als auch verursachend, und zwar nicht nur bei Beziehungen zweier Personen. Wer ein Team zirkulär betrachtet, wird rasch entdecken, dass jedes Teammitglied den Kontext für das Verhalten aller anderen mitbestimmt. Es wäre deshalb zu kurz gesprungen, solch dynamische Muster und Kreisläufe auf eine berechenbare Ursache-Wirkungs-Formel reduzieren zu wollen.

Im Gegensatz zum linear-kausalen Denken richtet sich der Blick im systemischen Handeln nicht auf „Fakten", sondern auf „Muster", also darauf, wie die Beteiligten in ihre Situation eingebunden sind und wie die Beziehungsprozesse aussehen. Bei Teamkonflikten beispielsweise stehen Geschehnisse wie streitsüchtiges Verhalten oder das Zurückhalten von Informationen nicht als Faktum im Mittelpunkt, sondern sie werden als zirkuläre Kreisläufe betrachtet, an denen mehrere Mitarbeitende beteiligt sind. Damit werden das System und die Prozesse in ihrer ganzen Komplexität erfasst und das kausal-lineare Schuld-Prinzip aufgebrochen. Nicht das Einzelindividuum eines Arbeitsteams wird als Problemträger betrachtet, sondern die Aufmerksamkeit liegt auf dem Gesamtsystem. Es wird nicht der Frage nachgegangen, „Wer ist schuld?" oder „Wer hat woran Schuld?", sondern „Wie tragen die Beteiligten zur Aufrechterhaltung des ‚Problems' bei?". Es geht darum, die Regeln des Zusammenwirkens und der Kommunikation zu verstehen, die das Verhalten der Beteiligten prägen. Dabei werden die Verhaltensweisen der einzelnen nicht als gut oder schlecht bewertet, sondern das Augenmerk auf Muster und Kreisläufe gerichtet und wertfrei untersucht, welchen „Beitrag" die jeweiligen Beteiligten zu einer Situation leisten.

Die systemische Sichtweise betrachtet also das System. Sie betrachtet einzelne Elemente im Zusammenhang mit dem größeren Ganzen, dem sie angehören, und sieht Problemursachen in den Abläufen und Prozessen des Systems insgesamt und nicht bei den einzelnen Elementen. Probleme und Konflikte weisen aus systemischer Sicht auf eine gestörte Balance des Gesamtsystems hin. Statt Ursachen zu behandeln ist es Ziel systemischer Arbeit, Wege und Interventionsmöglichkeiten zu finden, die gewohnten Muster zu unterbrechen und andere, nützlichere Muster zu fördern.

## 3.2  Systemische Intervention

Aus dem Wunsch heraus, eine beabsichtigte Veränderung zu bewirken, ist es Ziel der systemischen Herangehensweise, erfolgversprechende Interventionsmöglichkeiten zu finden, durch die alternatives Verhalten ermöglicht wird. Als Grundprämisse geht man davon aus, dass grundsätzlich alle Menschen – und demnach in konkreten Situationen alle Beteiligten – bereits über alle notwendigen Fähigkeiten und Kompetenzen verfügen, um produktives Verhalten und gemeinschaftliche Kommunikation zu praktizieren, dass sie sich in manchen Lebenssituationen dieser Kompetenzen jedoch nicht bewusst sind und es ihnen deshalb nicht gelingt, diese zieldienlich zu aktivieren bzw. einzusetzen.

Die Aufgabe der systemischen Intervention ist deshalb,

- die Teammitglieder beim Finden ihrer bisher nicht genutzten teamfördernden Kompetenzen zu unterstützen,
- gemeinsam ein anerkennendes Verständnis dafür zu finden, was sie bisher davon abgehalten hat, diese fördernden Fähigkeiten einzusetzen
- sowie ihnen dabei zu helfen, in den als problematisch empfundenen Situationen anstatt der bisher eingefahrenen weniger zieldienlichen Verhaltensweisen diese nun neu „wiederentdeckten" Kompetenzen einzusetzen.

Der Fokus liegt nicht auf der Suche nach dem Grund des Problemverhaltens, sondern entwicklungsorientiert wertschätzend nach „verborgenen" hilfreichen Kompetenzen. Schrittweise sollen auf einer detaillierten Kontextanalyse basierende Hypothesen entwickelt werden, um auf deren Basis dann Interventionsmöglichkeiten zu finden.

*Kontextanalyse* Zuerst verschaffen sich systemische Berater immer einen Überblick über das relevante System. Das heißt, sie fragen, wer alles Anteil an der Situation haben könnte, um dann in einem zweiten Schritt zu erforschen, wer von diesen „Anteilhabenden" welchen Einfluss ausübt bzw. welchen Beitrag einbringt. Es soll ein Bild entstehen über die Elemente des Systems und darüber, welche Beziehungen diese zueinander haben. Es werden also die relevanten Systemelemente inklusive deren Strukturen und Mechanismen sowie Sitten und „Spielregeln" im Umgang miteinander erkundet, um mögliche Muster und Kreisläufe herauszuarbeiten.

In unserem Fall sollte zumindest mit allen Hauptbeteiligten, die zueinander und zur problematischen Situation in Beziehung stehen, also mit Amend, Neu, Stein und Fuchs, ein Einzelgespräch geführt werden. Das System definiert sich aus den Antworten auf die Fragen: „Wer hat Anteil an der Situation?" und „Wer ist betroffen?" Darüber hinaus sind alle Parameter wichtig, die die Verflechtungen und Beziehungen, Erwartungen und wahrgenommenen Spielregeln usw. betrachten. Ein Bild dazu ergibt sich aus Fragen wie „Was tut der Chef?", „Was erwartet wer von wem?", „Wie schätzt der oder die die Situation ein?", „Wer vermutet was?".

Wer sind für unseren Fall „Team Streckenplanung" die relevanten Personen? Wie kann das themenrelevante System dargestellt werden?

Eine Analyse des Personenkreises, mit denen Amend im Teamkontext „Streckenplanung" zu tun hat, ist dabei zentral. Die unterstützenden sowie die als hinderlich erlebten Personen lassen sich als „Mitspieler" bezeichnen. Welche Mitspieler beeinflussen also den Erfolg des Teams sowie das entsprechende Verantwortungsfeld des Gruppenleiters Amend?

Als Gruppenleiter hat Amend zwei Teams installiert, mit denen er sich von Zeit zu Zeit trifft und Projekte bespricht. Er unterhält keine direkte Linie zu den einzelnen Teammitgliedern, auch weil er davon ausgeht, dass Neu als seine Stellvertreterin die Rolle der Teamverantwortlichen übernimmt. Deshalb bespricht er sich auch hauptsächlich bilateral mit Neu. Eine offizielle Teamverantwortliche wurde formell nicht eingesetzt, d. h., Frau Neu ist zwar die Stellvertreterin von Amend, aber es gibt keine Teamleiterin. Lediglich bei Abwesenheit von Amend hat Frau Neu als Stellvertreterin die Gruppenleitung und Führungskompetenz inne. Bei Anwesenheit des Gruppenleiters hat Neu keine andere Funktion als Fuchs selbst, sie ist Teammitglied im Team „Streckenplanung". Fuchs geht demnach davon aus, dass nicht Bea Neu seine Vorgesetzte ist, sondern Herr Amend. Nach Fuchs Erzählungen unterhielt im Übrigen der ehemalige Gruppenleiter (und heutige Abteilungsleiter) Kurz früher, als er die Gruppe noch selbst geleitet hatte, einen direkten Draht zu allen seinen Mitarbeitern. Diese hielten den Chef immer direkt und unbürokratisch auf dem Laufenden. Auch Fuchs verfuhr so.

Wer bei dieser Thematik als Mitspieler einzubeziehen ist, ist nicht statisch. Vielmehr können – je nach Fragestellung und Feststellungen in der Analyse – weitere Personen als Teil des Systems identifiziert werden. Sicherlich sind nicht nur die drei Teammitglieder Neu, Fuchs und Stein die unmittelbar Beteiligten, sondern Amend muss in die Überlegungen miteinbezogen werden, weil er als Gruppenleiter „eigene Karten" im Spiel hat. Des Weiteren kann – beispielsweise um mögliche eingespielte Kommunikationsregeln mitzuberücksichtigen – auch der ehemalige Gruppenleiter (und heutige Abteilungsleiter) Kurz in die Analyse einbezogen werden und damit das Systembild wie in Abb. 3.1 dargestellt werden.

Aus der Systemstruktur heraus gilt es im nächsten Schritt, die Systembeziehungen, Verflechtungen und bewussten und unbewussten Regeln zu ergründen. Die Systemregeln sind den Betroffenen oft gar nicht bewusst, weshalb mit geeigneten Fragen die jeweilige Welt jeder beteiligten Person entdeckt werden muss. Das bedeutet, zu klären, welche offiziellen und welche inoffiziellen, unterschwelligen

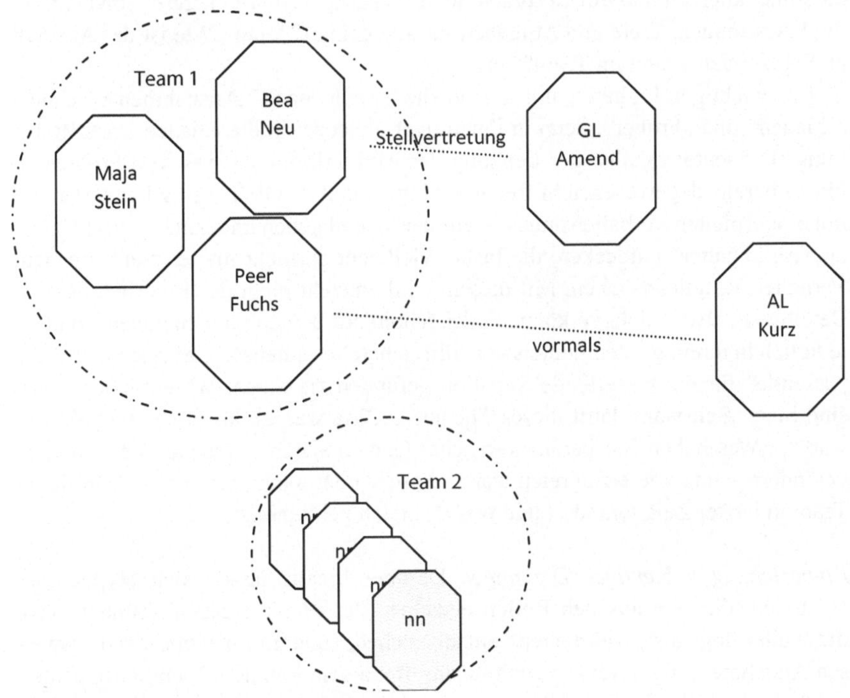


**Abb. 3.1**  Systemdarstellung „Konflikt Team Streckenplanung"

Regeln existieren. „Was muss ein Teammitglied tun, um vorwärts zu kommen, um Zuspruch zu bekommen oder um anzuecken?", „Wofür wird man gelobt, wofür kritisiert?" etc.

Daraus kann sich ein Bild regelmäßig wiederkehrender Verhaltensmuster entwickeln: Wenn Fuchs beispielsweise von seinen Kolleginnen immer wieder offen getadelt wird, weil er Informationen nicht weitergegeben habe, worauf er sich in sein Büro zurückzieht und sich an Projektmeetings fast gar nicht aktiv beteiligt. Solche „Teufelskreise" können mit Fragen entdeckt werden, wie „Welche Verhaltensweise zeigt jemand, wenn er kritisiert wird?", „Wie verhält er sich in Meetings?" oder „Was ist das typische Verhalten gegenüber seinen zwei Kolleginnen?" usw.

Selbstverständlich sind auch die Parameter des Systemumfeldes wesentlich. Es geht also auch darum, einzubeziehen, wie die räumlichen, infrastrukturellen und organisatorischen Gegebenheiten auf die Mitspieler einwirken. „Ist die Distanz zum Gruppenleiter etwa sehr groß?" oder „Sitzen die Beteiligten in einem gemeinsamen Raum oder hat der eine oder andere ein Einzelzimmer?" sind ebenso Fragen, die zur Klärung des Gesamtbildes beitragen, wie etwa „Ist gewährleistet, dass man auch einmal ein Gespräch unter vier Augen führen kann?" sowie „Sind die Erwartungen, Ziele und Aufgaben für alle geklärt?" und „Wie ist das Ausmaß an Selbstorganisation im Team?" etc.

Ein wichtiger Fragenkomplex sind die Fragen nach „Ausnahmen", „Unterschieden" und „Früher", denn in ihnen liegt gleichzeitig die Chance eines Reframing (Umdeutung), also der Lenkung der Aufmerksamkeit weg von Problemen hin zu bereits dagewesenen hilfreichen Möglichkeiten. Gleichzeitig kann man damit eingespielten Verhaltensmustern auf den Grund gehen und ganz wertschätzend „innere Schalter" entdecken, die bisher vielleicht zu nicht immer zieldienendem Verhalten veranlasst haben. Mit diesem Bild entsteht nicht der Eindruck bei den Beteiligten, etwas nicht zu können oder schuldhaft beigetragen zu haben, sondern lediglich in ihrem großen Fundus von hilfreichen Verhaltensweisen noch nicht „die passende" für die betreffende Situation gefunden zu haben. Wesentliche Fragen sind hier: „Seit wann läuft dieses Thema?", „Wie war es, als noch Herr X Chef war?", „Was haben Sie bereits versucht? Gab es schon Versuche, die Dinge zu verändern – und wie erfolgreich waren diese?" oder auch „Was hat sich in Ihrem Team in letzter Zeit verändert und was ist gleich geblieben?".

*Einbeziehung subjektiver Deutungen* Darüber hinaus lassen sich Hypothesen aufstellen, die sich aus den Rollen einzelner Beteiligter ergeben könnten, ohne diese allerdings als „Wahrheiten" einzubeziehen, sondern im Sinne von hilfsweisen Annahmen, die durchaus auch unzutreffend sein könnten. Wenn Gruppenleiter Amend auf der Karriereleiter weiter aufsteigen möchte, ist er möglicherweise daran interessiert, dass seine Ziele zügig erreicht werden, oder er will, dass seine Mitarbeiter nach außen mit einer Stimme sprechen und Konflikte innerhalb der Gruppe geklärt werden. Wenn Abteilungsleiter Kurz ein Jahr vor der Pensionierung steht, könnte für ihn der Anreiz, Konflikte zu eskalieren oder Mitarbeiter energisch zurechtzuweisen, geringer ausgeprägt sein, als wenn er diese Funktion noch 20 Jahre innehaben wollte. Sinnvoll sind hier Fragen wie „Was denkt die Person über ihre Arbeit, seine Rolle, das Unternehmen?", „Wie ist er tangiert, wenn das Problem nicht gelöst wird?"usw.

*Hypothesen bilden* In der zweiten Phase werden Hypothesen gebildet, um anschließend auf dieser Basis Interventionsmöglichkeiten zu finden. Es geht also nicht darum, *die* Wahrheit oder *den* Grund zu finden, sondern eine Auslegeordnung, ein Detailbild des Zustandes des sozialen Systems, der Kommunikationsstrukturen und der jeweiligen „Welten" der einzelnen Beteiligten zu erstellen und zu identifizieren, welche Symptome wahrgenommen und welche Muster entdeckt wurden. Dieses Bild wird dann ergänzt durch die gewünschten Wirkungen und Veränderungen, die durch eine Intervention erreicht werden sollen. Auf dieser Basis können Methoden, Schritte und Maßnahmen ausgedacht werden, um erste Veränderungen anzustoßen, etwa indem Muster durch Unterlassungen oder Eingriffe unterbrochen, neue Visionen und Musterkreisläufe entwickelt, Auslegungen umgedeutet oder Rollen umdefiniert werden.

*Systemische Intervention*  Ist man zu einem erfolgversprechenden Set an brauchbaren Hypothesen gekommen, wird mittels systemischer Interventionen angefangen, Veränderungen anzustoßen. Dabei sollen die Interventionen vor allem folgendes bewirken:

* Bereits durch die gestellten Fragen soll ein Perspektivenwechsel in den Köpfen der Beteiligten bewirkt werden – weg von der Problembeschreibung hin zur Lösungsbeschreibung.
* Anstelle der Behandlung von Ursachen sollen „Muster" gestört oder unterbrochen und durch neue Muster ersetzt werden.
* Durch Reframing (Veränderung des Bezugsrahmens) soll der Sinn für Mittel und Fähigkeiten und damit der Raum für Lösungsaussichten erweitert werden.
* „Wirklichkeiten" sollen so verändert oder ergänzt werden, dass es gar nicht mehr unbedingt notwendig ist, die Dinge zu verändern, sondern dass durch die veränderte Sichtweise der Veränderungsdruck genommen wird.

*Perspektivenwechsel* Durch systemische Intervention soll der Blick auf Lösungen, neue Ideen und Bilder gerichtet und die Sensibilität für Möglichkeiten, die bereits im System liegen, erhöht werden, anstatt sich darauf zu fixieren, was nicht gut läuft. Deshalb zielen die Fragen auf positive Erfahrungen der Vergangenheit, auf Ausnahmen, also darauf, was gut läuft, sowie auf Ressourcen, die bereits (jedoch nicht bewusst) vorhanden sind. Auch wenn Gruppenleiter Amend und die beiden Damen Fuchs Vorwürfe machen wegen seines Verhaltens und seiner passiven Informationsweitergabe, muss ein systemischer Berater deshalb noch lange nicht auf diese „Einladung" eingehen und in deren Beschreibung des Problems versinken. Vielmehr kann er mit Fragen den Blick in eine ganz andere Richtung wenden, wie etwa: „Wann haben Sie das letzte Mal erlebt, dass Fuchs initiativ informiert hat" oder „Wann haben Sie zuletzt richtig gut miteinander kooperiert?" oder „Was fällt Ihnen ein, was könnte künftig anders gemacht werden?".

*Muster unterbrechen* In der systemischen Praxis werden Probleme nicht als solche betrachtet, sondern als „Muster" verstanden, als irgendwie und irgendwann einfach durch das zwischenmenschliche Miteinander entstandene Kreisläufe oder „Teufelskreise". Veränderungen werden deshalb nicht durch die Behandlung irgendwelcher Ursachen angegangen. Die Idee ist vielmehr, Veränderungen zu erzeugen, indem gewohnte Verhaltensmuster unterbrochen, also „gestört" werden, um dann neue Muster im Miteinander entstehen zu lassen. Wenn beispielsweise der Fokus über ein Team hinaus erweitert und der Chef ins System einbezogen wird, kann sichtbar werden, dass dieser möglicherweise durch unterlassene Handlungen zu einem Opfer-Kreislauf im Team beigetragen hat. Mit einer klaren Einmischung, die die Verantwortlichkeiten völlig anders interpretiert als die bisherigen zurückhaltenden Appelle, könnte er das gewohnte Muster unterbrechen. Auch paradoxe Interventionen können Systeme verstören: Anstatt mit Ermahnungen und Druck immer wieder zu versuchen, Fuchs zur Kooperation zu zwingen, könnte Amend beispielsweise gebeten werden, Fuchs dazu aufzufordern, an die Grenzen der Eskalation zu gehen, damit alle sehen, wie sich der „worst case" darstellt. Damit würde das gewohnte Muster zwischen Chef und Mitarbeiter völlig durcheinandergebracht und gleichzeitig sich die Möglichkeit eröffnen, dass sich für alle Beteiligten ein neues Verhaltensmuster entwickelt.

*Sinn für Ressourcen und Möglichkeiten* Menschen laufen ganz oft mit einem Rucksack voller Talente und Ressourcen durch die Welt, ohne sich darüber im Klaren zu sein. Auch Chefs oder Kollegen sind oftmals eher empathisch für die Defizite ihrer Mitmenschen und „vergessen", auch deren in ihnen liegenden Begabungen und Möglichkeiten wahrzunehmen. Die systemische Herangehensweise richtet deshalb ganz besonders den Fokus auf die Ergründung und Entdeckung dieser Ressourcen, indem sie die „Ausnahmen von der Regel" ausleuchtet. Es wird beispielsweise direkt nachgefragt: „Wann haben Sie sich denn zuletzt gut verstanden?", wenn Fuchs berichtet, dass die beiden Kolleginnen nicht mehr mit ihm reden. Ganz oft zeigt sich dann, dass es gar noch nicht lange her ist und eigentlich doch ziemlich oft vorkommt. In diesen Fällen können dann gemeinsam die Unterschiede zwischen den problematischen Situationen und den anderen durchleuchtet werden. Auch mit der „Gute-Fee-Frage" lässt sich der Horizont der Lösungsmöglichkeiten erweitern: „Angenommen, eine gute Fee würde über Nacht Ihr Problem weggezaubert haben und alles zwischen Ihnen wäre wieder gut – woran würden Sie das morgen früh zu allererst merken? Woran würden die beiden Kolleginnen es merken?" Damit wird für die Betroffenen sichtbar, dass sie nicht hilflos sind, sondern mehr Veränderungsmacht haben, auf das Geschehen einzuwirken, als ihnen vorher bewusst war.

*Wirklichkeiten verändern* Eigenschaften, die beispielsweise Kollegen zugeschrieben werden (sie ist phlegmatisch, er ist unkooperativ, …), werden in der systemischen Praxis nicht für „bare Münze" genommen, sondern immer wieder hinterfragt. Etwa durch die Fragestellung: „Wie genau verhält sich Ihr Kollege, wenn er das tut, was Sie ‚unkooperativ sein' nennen?" Das ist einerseits hilfreich, um zu ergründen, wie eine Person ihre Wahrnehmungen „konstruiert" und ihre Welt sieht. Andererseits kann es damit aber auch gelingen, ihre inneren Bilder zu „reframen", also umzudeuten, weil es nicht immer notwendig ist, Verhaltensweisen oder Regeln konkret zu verändern, sondern bereits die Veränderung der bisherigen Sichtweise eine Lösung oder eine Entlastung darstellen kann.

> **Beispiel**
>
> Ein Mitarbeiter beklagt sich: „Mein Chef kümmert sich nie um mich, ich bin ihm völlig egal. Das war beim vorherigen Chef völlig anders, der hat sich immer über meine Arbeit erkundigt, mir Tipps gegeben, wie ich es besser machen könnte und eingegriffen, falls etwas in eine falsche Richtung ging. So wusste ich immer, woran ich bin." Als „Reframing" könnte diesem Mitarbeiter folgendes Bild angeboten werden: „Das kann man aber auch als großen Vertrauensbeweis sehen: Ihr Chef vertraut darauf, dass Sie als Experte die Verantwortung für Ihre Projekte durchaus selbst stemmen können und sich von selbst melden, wenn Sie Unterstützung brauchen. Deshalb lässt er Sie machen und will Sie nicht ständig bevormunden." Das ist eine völlig neue Betrachtungsweise, mit der der Mitarbeiter möglicherweise ganz anders umgehen kann: „Aus dieser Warte habe ich das gar noch nicht betrachtet. Sie haben Recht: Der ehemalige Chef hat mir womöglich viel zu wenig zugetraut."

Im Fokus können dann ganz unterschiedliche Blickwinkel stehen, nämlich:

*Die Sachebene,*  d. h., wie man sich organisiert hat: Was erwartet der Chef vom Team, was das Team von ihm? Welche Anforderungen von außen stehen im Raum und welche Qualitätsstandards ergeben sich daraus? Sind die Aufgaben und Ziele sowie die unterschiedlichen Rollen für jeden klar? Passen die Ablauforganisation und das Organigramm zu den Zielen? Wie werden die Kompetenzen und der Grad der Selbstorganisation im Team praktisch gelebt? Verfügen alle über die erforderlichen Arbeits- und Entscheidungstechniken aber auch über Präsentations-, Moderations- und Problemlösungsfähigkeiten?

*Die Beziehungsebene,*  d. h. die Teamfähigkeit und Sozialkompetenz, also wie man miteinander umgeht: Wie wird im Team kommuniziert? Funktioniert der Informationsaustausch? Wie wird Kritik geübt oder wie Konflikte ausgetragen? Wer steht mit wem wie in Beziehung? Bestehen Beziehungsstörungen oder Allianzen? Gibt es noch Altlasten wie negative Erfahrungen oder nicht gelösten Streit? Wer nimmt im täglichen Miteinander welche Rollen ein? Gibt es eine verdeckte Hierarchie?

*Die Führungsebene,*  d. h., wie die Führung gelebt wird und wirkt: Wie wird das Führungsverhalten des Chefs durch das Team wahrgenommen? Wirkt es sich auf das Team wie gewünscht aus? Wie werden die gegebenen Rollen in der Praxis gelebt? Werden Diskrepanzen zwischen den Bedürfnissen des Chefs und denen der Teammitglieder wahrgenommen? Gibt es womöglich eine Graue Eminenz oder einen heimlichen Leader? Passen die gelebten Führungsrituale?

## Fazit

Systemisches Arbeiten lädt dazu ein, quer zu denken, also anders hinzuschauen, auf Unterschiede zu achten und neue Wirklichkeit zu entdecken. Damit eröffnet es für komplexe Herausforderungen, wie für als problematisch wahrgenommene Situationen ein vielfältigeres Repertoire an Handlungsmöglichkeiten als die linear-kausale Lösungssuche. Als Hauptwerkzeug dienen systemische Fragen, die immer gleichzeitig Problemdiagnose und Intervention darstellen.

# Ein Werkzeugset für Teamkonflikte

**4**

*Mit Fragen die Welt verändern!*

## 4.1 Systemische Fragen

Systemisches Handeln besteht zum größten Teil aus „Fragen" statt „Sagen", denn Fragen bringen nicht einfach nur neues Wissen zutage. Vielmehr sollen der Berater *und* der Beratene neue Informationen erhalten, über Fragen neue Bilder in den Köpfen ausgelöst und ganz neue Impulse ins Spiel gegeben werden. Dabei liegen die Erfolgschancen in der Art der Fragen, also in der Kunst zu fragen. Wie kommt man als Führungskraft nun zu konkreten Antworten? Wie findet man heraus, weshalb in einer bestimmten Weise gedacht oder gehandelt wird und wie jemand seine Wirklichkeit persönlich wahrnimmt?

Um fruchtbare Informationen zu erhalten, ist es elementar, die „richtigen" Fragen zu stellen, denn nur durch sie gelingt es, die Welt, d. h. die jeweilige „Realität" der Beteiligten zu überblicken und neue Bilder auszulösen. Essentiell für die Erkundung eines sozialen Systems und der unterschiedlich wahrgenommenen „Wirklichkeiten" ist jedoch nicht alleine die „Fragetechnik", sondern vielmehr die Einstellung, die innere Haltung des Fragenden. Es geht darum, nicht wie in einem Interview einfach eine Liste von Fragen „abzuarbeiten", sondern sich in die Haltung eines neugierigen, interessierten und nicht-wertenden Beobachters zu begeben, als sei man ein aufmerksamer Wegbegleiter. Ganz neutral zuhören, aufnehmen und sich ein Bild machen ist die Aufgabe – nicht werten, nicht womöglich schon während der Ergründung Stellung beziehen und schon gar nicht bereits an dieser Stelle Lösungsfantasien entwickeln. Entscheidend ist, sich nicht vom Gegenüber in „seine Welt" und seine Bewertungen hineinziehen zu lassen, sondern sozusagen

© Springer Fachmedien Wiesbaden 2016

H. Lanz, *Konfliktmanagement für Führungskräfte*, essentials,

DOI 10.1007/978-3-658-10595-2_4

einen Schritt zurückzutreten und das Bild mit einem gewissen Abstand zu betrachten und lieber nachzufragen „Was meinen Sie mit unkooperativ ganz konkret? Woran machen Sie es fest und wie fühlt sich das für Sie an?".

Mit freundlicher Offenheit, auch Neues im bereits Bekannten entdecken zu wollen und Unterschiede aufzunehmen, sowie mit einem guten Fragenrepertoire wird es mit der Zeit auch immer besser gelingen, die Welten der Anderen zu entdecken. Die nachfolgenden Fragetypen unterstützen dabei, dieses Bild der Situation zu entwickeln:

- Fragen nach Fakten
- Fragen zu Bezugsrahmen und Beziehungen
- Fragen zu Flurfunk und Spielregeln
- Fragen zu Unterschieden
- Skalierungsfragen
- Erklärungsfragen nach Deutungen, Wahrnehmungen, Wertvorstellungen und Ideen
- Ressourcenfragen
- Fragen zu Eigenschaften und Zuschreibungen
- Zirkuläre/Triadische Fragen
- Fragen nach Verhaltenswirkungen
- Hypothetische Fragen
- Wunderfrage/Zukunftsfragen
- Paradoxe Fragen/Verschlimmerungsfragen

*Fragen nach Fakten* Um sich ein erstes Bild über das System zu machen, müssen zunächst einmal Informationen über alle Beteiligten erfragt werden. Fragen über das „wer" hinaus zu Daten und Angaben zu den Personen: „Wie lange ist er bereits im Unternehmen?", „Was ist seine Funktion im Team?", „Welche Kompetenzen hat er inne?", „Was hat er getan, bevor er in dieses Team kam?", aber auch „Womit beschäftigt sich das Team hauptsächlich?", „Seit wann sind diese Aufgaben in diesem Team gebündelt?" etc.

*Fragen zu Bezugsrahmen und Beziehungen* Menschen leben nicht in einem luftleeren Raum, sondern in einem Bezugsrahmen, einem situationsbezogenen Kontext, beispielsweise in einem Team, einem Unternehmen, einer Familie. Sie stehen in Beziehungen zu Chefs, Kollegen, Lieferanten, Kunden oder Familienmitgliedern, die je nach Fragestellung von einer Problemsituation mehr oder weniger und mittelbar oder unmittelbar betroffen sein können. Fragen hierzu: „Wer ist in welcher Art betroffen?", „Wer trägt noch dazu bei, dass…?", „Auf wen würde man für eine Lösung auch noch angewiesen sein?", „Wen darf man dabei nicht außer Acht lassen?", „Wen tangiert es, wenn…?", aber auch „Wer steht Herrn Fuchs bei?", „Mit wem versteht sich Amend besonders schlecht (oder gut)?" etc.

*Fragen zu Flurfunk und Spielregeln*  Einen wichtigen Mosaikstein für ein Gesamtbild bilden informelle Informationsflüsse, Klatsch und die Gerüchteküche. Kultur ist „praktiziertes Leben" und funktioniert nicht nur nach den offiziellen Regeln. Unsichtbare Konventionen, Etikette, informelle Informationsweitergabe und persönliche Einstellungen zu Personen oder Dingen beeinflussen die Kultur und Meinungen in der Regel stärker als die offiziellen Richtlinien. Eindrücke aus der Welt der verdeckten Spielregeln und persönlichen Einschätzungen können Fragen ergeben wie: „Wie denkt man über die Führung?", „Was sagen die Anderen über das Team?", „Wie sieht man die Chancen, dass sich hier etwas verändert?" oder „Welches Thema ist hier tabu?", „Was hört man im Flurfunk?" etc.

*Fragen zu Unterschieden*  Es gibt nicht „das" einheitliche Bild, sondern alle Beteiligten schätzen Dinge, Probleme oder Situationen unterschiedlich ein. Dabei können sich Verhaltensweisen unterscheiden, aber auch Einzelheiten räumlich oder zeitlich ungleich eingeschätzt werden. Diese uneinheitlichen Wahrnehmungen und Reaktionsweisen aufzudecken kann oft bereits den Blick für Lösungsmöglichkeiten öffnen. Man sucht hier also nach Unterschieden wie „mehr oder weniger", „immer, ständig oder selten" etc.

Fragen dazu: „Wer ärgert sich am meisten über …?", „Passiert das immer – oder eher selten – oder wann überhaupt?", „Sehen das alle so?", „In welchem Umfang stimmen Sie dieser Auffassung überhaupt nicht zu?" bis hin zu „Gab es weniger Diskussionen, als Frau Neu noch nicht im Team war?" oder „Gab es eine Zeit, in der die Zusammenarbeit richtig gut funktioniert hat? Was war dort anders?".

*Skalierungsfragen*  Skalierungsfragen sind geeignet, ein Gefühl für den Grad an Stärke, Wichtigkeit oder Priorität von unterschiedlich Wahrgenommenem und Empfundenem zu durchleuchten. Beispielsweise um herauszufinden, wie fest der Schuh drückt, wie dringend eine Lösung ersehnt und wie „schlimm" ein Problem wahrgenommen wird. Zur Unterstützung der Fragestellung hilft ein Flipchart oder ein Block, weil das Schema schriftlich, visuell festgehalten werden sollte und sich die Beteiligten sogar selbst auf der „richtigen" Stelle „verorten" können. Beispiel einer Skalierungsfrage: „Auf einer Skala von 0 bis 10 (0 = überhaupt nicht zufrieden, 10 = sehr zufrieden) – wo stehen Sie momentan? Wo standen Sie, bevor …? Worin unterscheidet sich die 7, auf der Sie jetzt stehen, von der 10? Wann würde sich Ihr Befinden auf der Skala verschlechtern? Was müsste geschehen, um einen Punkt emporzusteigen?" oder „Bei welchem Wert ist für Sie das Ziel erreicht?".

*Erklärungsfragen nach Deutungen, Wahrnehmungen, Wertvorstellungen und Ideen* Um zu überleben, d. h. sich mit den jeweiligen Umständen zu arrangieren, geben Menschen allem und jedem, was ihnen widerfährt oder sie wahrnehmen, eine Bedeutung, also eine Wertung als positiv oder negativ, gut oder böse, sicher oder gefährlich. So interpretiert man natürlich auch das Verhalten Anderer ganz individuell als hilfreich, freundlich oder bedrohend und reagiert mit ganz individuellen Empfindungen und Verhaltensweisen. Wenn es das Ziel ist, Menschen „besser zu verstehen", also herauszufinden, wie sie die Welt sehen und interpretieren, können folgende Fragen Licht ins Dunkel bringen: „Wie erklären Sie sich die Zurückhaltung von Herrn Amend?", „Welche Bedeutung hat das Wochenmeeting für Sie?", „Wie denken Sie über den geplanten Teamworkshop?" „Was bedeutet das, wenn man in Ihrem Team Ärger offen ausdrückt?", „Was heißt es für Sie, sich zu beschweren?" oder „Welche Erfahrung haben Sie gemacht, als Sie zum Chef gegangen sind?", „Was heißt es, für andere einzuspringen?".

*Ressourcenfragen* Diese Fragen können – neben der Vermittlung von Informationen – den Fokus auf vergessene Zeiten oder unbewusste Fähigkeiten lenken. Es geht darum, sich nicht über fehlendes, sondern wertschätzend über bereits vorhandenes, aber momentan nicht genutztes Können zu erkundigen. Beispiele: „Wann hat Herr Fuchs zuletzt selbstbewusst und mit Freude über seine Projekte informiert?", „Wann war das, als Frau Stein zum letzten Mal Herrn Fuchs vertreten hat, ohne sich dabei überlastet zu fühlen?" oder „Auf welche Ressourcen und Fähigkeiten können Sie sich auf jeden Fall verlassen?".

*Fragen zu Eigenschaften und Zuschreibungen* Wenn Gesagtes einfach als Fakt übernommen wird, besteht die Gefahr, dass der Fragende schnell in die Welt des Befragten einsteigt, sich also dessen Deutungen und Wertungen zu eigen macht und übernimmt. Eigenschaften (z. B. Fuchs ist nicht belastbar) oder Verhalten (z. B. Fuchs ist immer so abweisend) werden jedoch subjektiv wahrgenommen und beinhalten persönliche Interpretationen und Deutungen. Um Missverständnisse zu vermeiden, sollten deshalb die Zuschreibungen und Eigenschaftserklärungen tiefer ergründet werden, indem man sich das beschriebene Verhalten ganz genau erklären lässt. Es ist wichtig, dass sich der Fragende bewusst in eine neutrale, neugierige Haltung begibt. Fragen wie diese erhöhen die Klarheit zum Bild des Gehörten: „Woran genau merken Sie, dass Herr Fuchs Sie nicht mag? Wie reagiert er dann?", „Unter welchen Umständen verhält er sich so?" „Was tun Sie genau, wenn Sie sich wehren?", „Woran machen Sie es fest, dass Frau Stein nicht belastbar ist?", „Als Sie Frau Stein zuletzt als richtig belastbar erlebt haben, woran haben Sie das erkannt?", „Wie genau laufen solche ineffizienten Teamsitzungen ab?" „Was würden wir auf dem Film aus einer versteckten Kamera sehen?".

*Zirkuläre/Triadische Fragen* Durch triadische Fragen ist es möglich, die Perspektive Dritter einzunehmen, auch wenn die Antworten lediglich „hypothetische Möglichkeiten" darstellen können. Triadisch bzw. zirkulär wird die Fragetechnik genannt, weil man sich in eine Dreier-Konstellation begibt, also eine Frage aus der Sichtweise einer gedanklich hinzugezogenen Drittperson zu beantworten sucht. Zirkulär fragen heißt also sozusagen um die Ecke zu fragen – im Triangel aus Fragendem, Befragtem und Drittperson, deren Gefühle und Sichtweisen man einschätzen will. Damit können Abwesende einbezogen werden, was oft zu unvermuteten neuen Ansichten verhilft. Beispiele: „Herr Amend, was glauben Sie, was Fuchs denkt, wenn sich Frau Neu bei ihm beschwert?", „Wie beurteilen die Anderen den Führungsstil von Herrn Amend?" oder „Weiß Herr Kurz, was hier läuft, und was denkt er darüber?".

*Fragen nach Verhaltenswirkungen* Im Gegensatz zu den später beschriebenen hypothetischen Fragen, bringen Fragen nach Verhaltenswirkungen mehr Informationen über die aktuell funktionierenden Verhaltens-Beziehungen. Beispiele: „Was passiert, wenn Sie zum Chef gehen und sich beklagen?", „Wie laufen die Meetings ab, wenn Frau Neu sie moderiert?" „Wie reagieren Sie, wenn sich ein Kollege zum Projekt von Fuchs erkundigt, und Sie verfügen über keine Informationen?", „Wie funktioniert die Stellvertretung, wenn Fuchs krank gemeldet ist?".

*Hypothetische Fragen* Durch hypothetische Fragen können Hypothesen diskutiert, Zusammenhänge erkannt und neue Sichtweisen „gesät" werden. Der Blick kann – möglicherweise auch nur als Gedankenexperiment – auf die „Was wäre, wenn"-Frage gerichtet werden, um damit Nachdenklichkeit zu erzeugen, mögliche Konsequenzen durchzuspielen oder sogar Fronten aufzuweichen. Fragen: „Angenommen, Herr Amend würde die Stellvertretung anders regeln, wie würde Frau Neu reagieren?" „Was wäre, wenn das Team getrennt würde?"

*Wunderfrage/Zukunftsfragen* Mit der Wunderfrage und Zukunftsfragen lässt sich über eine mögliche Lösung des Problems fantasieren und sozusagen in der „Lösungstrance" auch über Wege und Schritte dorthin. Der Blick geht dann weg vom Problem hin zu neuen Ideen und Perspektiven, was optimistisch stimmen kann.

Die Fragen lauten hier: „Wenn das Problem plötzlich weg ist, weil eine gute Fee vorbeigekommen ist und es weggezaubert hat – was würden Sie am nächsten Arbeitstag als allererstes anders machen? Was sonst noch? Woran genau würden Sie merken, dass es nicht mehr da ist? Was würden Sie in der neuen Situation vielleicht vermissen?"

Auch ohne die gute Fee kann über die Zukunft nachgedacht werden. Beispiel: „Wie sieht die Situation aus, wenn alles wieder richtig optimal läuft? Was würden Sie dann konkret tun und was die Anderen?", „Was wollen Sie bis Ende des Jahres erreicht haben?", „Worauf werden Sie künftig ein besonderes Augenmerk haben?", „Was müsste bei einer Veränderung unbedingt bewahrt werden?", „Wie könnte die gegenseitige Stellvertretung künftig ablaufen?", „Wo soll das Team stehen, wenn Sie pensioniert werden?"

*Paradoxe Fragen/Verschlimmerungsfragen* Diese sehr eigentümlich erscheinenden Fragen bergen ein hohes Potenzial, um Gesprächspartner zu irritieren und aufzurütteln. Es geht jedoch nicht darum, eine wirkliche Verschlimmerung herbeizuführen, sondern Ziel dieser Intervention ist, dass sich Betroffene ihrer eigenen Handlungsanteile und Möglichkeiten bewusst werden und verstehen, dass durch Zutun Veränderungen bewirkt werden können. Das Prinzip: Wenn ich zu Verschlechterungen etwas beitragen, die Situation also beeinflussen kann, dann kann ich auch zu Verbesserungen beitragen. Beispiele für paradoxe Fragen: „Was müsste passieren, damit Ihre beiden Kolleginnen Ihnen die Zusammenarbeit völlig aufkündigen? Was müssten Sie dazu tun?". Oder generell: „Wie könnte man die Situation im Team noch verschlimmern? Wer müsste was tun? Was könnte dabei Ihr persönlicher Beitrag sein?", „Was muss man machen, um das Problem zu behalten?", „Wie könnte es Ihnen gelingen, die ganze Firma gegen Ihr Team aufzubringen?", „Wie könnte man den ganzen Laden an die Wand fahren?" etc.

## 4.2  Sich selbst ein neues Bild machen

Diese Fragen können für Führungskräfte bei Konflikten im Team als Selbstanalyse hilfreich sein:

**Fragen zur Analyse aus Sicht der Führungskraft**

- Angenommen mein Team ist ein Schiff – als welche Art Schiff würde ich es beschreiben?
  (z. B. Flugzeugträger, Luxuskreuzdampfer, Fischerboot, Schnellboot, Schlauchboot, Raumschiff…)
- Wohin fährt dieses Schiff (Ziel der Fahrt)?
- Wie ist das Wetter, wie sind Wind, Strömung und Wellen?

- Wie steht es in meiner Mannschaft punkto Zusammenarbeit, Zufriedenheit, Teamgeist, Vergnügen, Offenheit, Vertrauen?
- Wie würde ein Außenstehender die Crew beschreiben? (was würde ihm auffallen? Stärken/Schwächen?)
- An welchem Ort auf diesem Schiff befinde ich mich/stehe ich?
- Welche Eigenschaften als Kapitän helfen mir, meine Ziele zu erreichen? Welche stehen mir eher im Weg?
- Wie zufrieden bin ich persönlich auf einer Skala von 0 bis 10 mit der derzeitigen Situation meiner Crew? (0 = äußerst schlecht und 10 = optimal)

| 0 | 1 | 2 | 3 | 4 | 5 | 6 | 7 | 8 | 9 | 10 |

- Was würde ich brauchen, um auf dieser Skala um + 1 näher in Richtung 10 zu kommen?
- Wie sehen das die Anderen?
- Was könnte der Beitrag sein, den ich selbst zur Situation beigesteuert habe?
- Worin besteht derzeit das größte Risiko in der Mannschaft?
- Was könnte mein größtes Versäumnis als Kapitän sein?
- Wo habe ich mich zu stark rausgehalten – wo sollte ich mehr ins Steuer eingreifen?
- Wo habe ich mich zu stark reingehängt – wo sollte ich die Mannschaft selbst machen lassen?
- Wenn ich mit einer neuen Crew noch einmal ganz neu starten könnte: Was würde ich anders machen? Was würde ich als Erstes tun?
- Angenommen es kommt eine gute Fee und ich hätte drei Wünsche frei: Was würde ich mir in Bezug auf meine Mannschaft wünschen? Was soll die gute Fee herzaubern, was wegzaubern?
- Wer würde den Zauber zuallererst merken? (Wer würde dann was tun/nicht mehr tun?)
- Und was würde ich dann tun/anders anpacken/nicht mehr tun?

## 4.3   Verhaltensspiele

In seinem Buch „Spiele der Erwachsenen" erläutert der Transaktionsanalytiker Eric Berne, dass Menschen sich Verhaltensspiele ausgedacht haben, in die sie im täglichen Leben immer wieder „einsteigen", d. h. in definierte Rollen schlüpfen und sich rollenentsprechend verhalten. Dabei legt Berne auf witzige Art dar, welche Spiele, wie etwa „Räuber-, Ehe-, Doktor- oder Sexspiele", er definiert und beschreibt, wie diese in geeigneten Kontexten im Laufe des Lebens immer und immer wieder ablaufen. Seine These daraus: Das Erkennen der eigenen Lebensspiele kann zu einer neuen Bewusstheit über sich selbst verhelfen und neue Wege zu einem konstruktiveren Miteinander aufzeigen.

Vor allem für konfliktgeplagte Vorgesetzte kann es zu erlösenden Perspektiven verhelfen, achtsam zu sein auf solche Spiele und sich zu vergewissern, ob und wie man darin möglicherweise verwickelt sein könnte. Die Führungskraft kann nämlich bei Teamkonflikten zu überraschend neuen Einsichten kommen, wenn sie einmal hinterfragt: „Welches Spiel läuft hier eigentlich ab?", „In welches Spiel haben mich meine Mitarbeiter unter Umständen hineingezogen?", „Welche Rolle habe ich womöglich bisher (unbewusst) eingenommen?".

Das Repertoire an Spielen ist fast unendlich groß. Das erwähnte Buch von Berne gibt einen guten Überblick über die Vielfalt an Spielideen. An dieser Stelle soll deshalb lediglich auf einzelne Spielmöglichkeiten hingewiesen werden, die am Arbeitsplatz oft gespielt werden.

*Das Gerichtssaalspiel* Wenn sich zwei Kollegen streiten, weil sie ein Problem miteinander haben, geht es oft nicht um das Sachproblem selbst. Vielmehr liegen die Schwierigkeiten ganz oft auf der Beziehungsebene. Wenn die Kollegen dann den Chef bitten, zu einer Sachfrage, zu der sie unterschiedliche Meinungen haben, eine Entscheidung zu fällen, dann spielen sie möglicherweise das „Gerichtssaalspiel". Der Chef soll Recht sprechen, und derjenige, der Recht bekommt, kann dann über den Anderen triumphieren. Sicherlich wird der Verlierer diese „Schlappe" nicht so schnell vergessen und schon bald ein neues Thema finden, mit dem er es dem Kollegen zurückzahlen kann. Und genau darin liegt die Krux an dieser Verhaltenssituation, nämlich dass sie nie aufhört und deshalb viel Zeit in Anspruch nimmt. Der Chef kann durch Entscheiden einer Sachfrage das Thema, den Konflikt, nie endgültig aus der Welt schaffen, weil immer wieder einer der Beteiligten „in Revision" gehen wird. Fortsetzung folgt unendlich, bis der Chef das Muster unterbricht.

Bei diesem Spielablauf ist es für Vorgesetzte grundlegend, zu erkennen, ob es überhaupt dieses Spiel ist, das im schwelenden Streit läuft, ob nämlich die Kollegen die Sachfrage auch ohne Chef klären könnten. Gegebenenfalls können Vorgesetzte das Muster dann unterbrechen, indem sie sich nicht in die Richterrolle hineinziehen lassen, sondern beispielsweise die Streithähne unmissverständlich dazu auffordern, für ihre Sachfragen gemeinsam Lösungen zu suchen, in die die Interessen aller einfließen sollen. Oder als Gruppenleiter übernimmt man die Moderation und unterstützt die Streitenden beim Finden einer eigenen Lösung.

*Das Makelspiel* Wenn Mitarbeiter eines Teams nicht miteinander auskommen, kommt es manchmal vor, dass insbesondere eine Person an einer anderen kein gutes Haar lässt. Dort kann es sinnvoll sein, genauer hinzugucken, um zu erkennen, ob hier das Makelspiel inszeniert wird. In diesem hat nämlich symptomatisch immer ein Mitarbeiter oder eine Mitarbeiterin etwas an einem Kollegen auszusetzen und macht diesen permanent schlecht. Was bezweckt er damit? Manche Menschen möchten (eigentlich sich selbst) von ihrer eigenen Minderwertigkeit ablenken, indem sie mit allen Tricks den Wahrnehmungsfokus auf die Mängel und Fehler anderer richten. Als Nebeneffekt glauben sie: „Der Chef hat ein positives Bild von mir". Und was erreichen sie damit? Der gescholtene Kollege fühlt sich ständig abgewertet und entmutigt, denn wie auch immer er sich anstrengt, er kann es dem anderen nie recht machen. Eine Falle!

Nicht in jeder Konfliktsituation muss diese Konstellation allerdings zutreffen. Sie sollte jedoch von Vorgesetzten, die sich an die Analyse von problematischen Teamsituationen machen, im Horizont der Hypothesen einbezogen sein, wenn auch nur, um diese Variante eines Verhaltensspiels für denkbar zu halten. Spielt womöglich in unserem Fall Frau Neu mit Herrn Fuchs dieses Spiel? Falls man zur Hypothese kommt, dass dieses Spiel der Antreiber des Konfliktes sein kann, könnte zusammen mit dem mäkelnden Mitarbeiter die wirkliche Wertigkeit des Makels untersucht werden, um dann gemeinsam auch die positiven Punkte, also das, was gelingt, dagegen abzuwiegen. Dazu braucht der Mitarbeiter vielleicht mehr Lob, muss allerdings (z. B. im Jahreszielgespräch) auch dazu ermuntert werden, mehr Achtsamkeit auf das Positive zu legen. Auf jeden Fall muss der Vorgesetzte klarmachen, dass er diesen abwertenden Ton nicht mehr duldet.

Darüber hinaus kann der Chef hier die Chance nutzen, das Gespräch zwischen den beiden Betroffenen zu moderieren und wieder in Gang zu bringen. Dabei muss der Angegriffene dazu gebracht werden, sich nicht nur als Opfer zu gerieren, sondern auch zu reflektieren, was er selbst zu diesem Kreislauf beigetragen hat und womöglich in einer Geste Fehler eingestehen und versichern, daraus zu lernen. Gleichzeitig kann der Angreifer dazu motiviert werden, vor dem Chef auch einmal die Gesamtleistung des Angegriffenen zu würdigen und vielleicht seinen rauen Ton zu bedauern.

*Das „Jetzt hab ich dich, du Schweinehund"-Spiel* Ähnliche Symptome können beim „Jetzt hab ich dich, du Schweinehund"-Spiel beobachtet werden. Ein Teammitglied lauert regelrecht darauf, dass einer der Kollegen Fehler macht bzw. sich so verhält, dass es als Manko gebrandmarkt werden kann, um dem Kollegen dann sofort in harschem Ton Vorwürfe zu machen. Manchmal sieht er Fehler auch bereits vor deren Entstehen, unternimmt jedoch nichts, sondern wartet ab, um – wenn es passiert ist – mit dem Finger darauf zeigen zu können: „Seht ihr, wie unfähig der ist!"

Auch hier liegt der stille Nutzen des „Lauernden" darin, dass er möglicherweise seinen Chef davon abhalten kann, seine eigenen Mängel zum Thema zu machen. Stecken möglicherweise in den Vorhaltungen von Frau Neu gegenüber Herrn Fuchs Anteile dieses Spiels?

Sollte diese Hypothese sich erhärten, kann es sinnvoll sein, den reklamierenden Mitarbeiter auf seine Mitverantwortung einzuschwören. Man kann mit ihm klären, warum er bisher nicht geholfen habe, die Fehler zu vermeiden, sowie an seine Mitverantwortung appellieren und von ihm „einfordern", dass er künftig direkt eingreift und mit einem wertschätzenden Umgangston kommuniziert. Darüber hinaus kann eine konkrete Fehlertoleranz vereinbart werden.

*Das Holzbein-Spiel* Beim selben Teamkonflikt sollte allerdings auch noch eine weitere Hypothese in Betracht gezogen werden. Wenn ein Teammitglied aufgrund eines von ihm eingebildeten „Mangels" (Alter, Ausbildung, Migrationshintergrund) eine neue Aufgabe nicht bewerkstelligen kann, spielt er vielleicht das Holzbein-Spiel und drückt sich vor der Herausforderung. Seine Ausrede bzw. Selbsttrost: „Von einem Mann mit Holzbein wird man doch wohl keinen Spurt erwarten", oder in der Praxis „Ich bin mittlerweile zu alt, um mich noch an diese neuen Projektmanagement-Tools zu gewöhnen". Auch „Als Ausländer verstehe ich ja die Hälfte der Anweisungen gar nicht" kann in ein solches Bild passen. Ziel ist, Untätigkeit zu entschuldigen oder Sympathie zu gewinnen. Die Auswirkung ist oft, dass der Mitarbeiter künftig geschont wird und keine schwierigen Aufgaben mehr zugewiesen bekommt.

Typisch für dieses Spielverhalten ist, dass diese Mitarbeiter die Herausforderungen eigentlich schaffen würden, wenn sie sich nicht selbst „beschränken" würden. Der Grund, der in der Regel dahinter steht ist offensichtlich: sie haben Versagensängste, glauben also, eine neue oder ungewohnte Aufgabe oder gewisse Erwartungen nicht erfüllen zu können. Der Ansatzpunkt für den Vorgesetzten liegt hier im Gespräch, um herauszufinden, ob man möglicherweise als Chef die Erwartungen zu hoch gesteckt hat oder zu ungeduldig an ein Projekt herangegangen ist. Hier hilft es auf jeden Fall, neue Aufgaben und schwierigere Projekte mit dem Mitarbeiter zusammen in mehrere Einzelschritte aufzuteilen und ihn auf das bereits Bekannte am Neuen hinzuweisen. Darüber hinaus ist es motivierend, bereits gemachte Erfahrungen und die dazu genutzten eigenen Ressourcen des Mitarbeiters immer wieder anzusprechen.

Eine Falle, in die man unbewusst tappen kann, ist der Versuch, dem Mitarbeiter sein Handicap auszureden. Ist er nämlich voll und ganz davon überzeugt und nicht davon abzubringen, dass ihn dieses Handicap wirklich behindert, wird er versucht sein, Sie in ein „Ja, aber"-Spiel hineinzuziehen.

*Das „Ja, aber"-Spiel* Das „Ja, aber"-Spiel wird normalerweise von Mitarbeitern angestoßen, die Anerkennung suchen. Es könnte auch „Chef, hilf mir"-Spiel heißen, denn der Mitarbeiter gibt zu erkennen, dass er etwas nicht kann und animiert damit den Chef, ihm zu helfen, ihn sozusagen zu retten. Bei jedem Versuch findet der Mitarbeiter jedoch Gründe, warum der Vorschlag des Chefs nicht hilft. Das Resultat: Der Chef verzweifelt immer mehr. Manchmal sind aber auch die Vorgesetzten diejenigen, die das Spiel initiieren, beispielsweise wenn sie ihren Mitarbeitern wenig zutrauen und sich überall mit guten Ratschlägen einmischen. Das ist zwar gut gemeint, dabei intervenieren sie allerdings, ohne dass ihre Mitarbeiter sie wirklich um Unterstützung bitten. Falls die Mitarbeiter hier den Eingriff des Chefs nicht wirklich wertschätzen, können sie ihn in ein „Ja, aber"-Spiel verwickeln. Dieses funktioniert ganz einfach: Der Chef gibt Ratschläge oder Tipps zu Lösungsmöglichkeiten und die Mitarbeiter danken herzlich, stellen jedoch gleichzeitig mit einem „Ja, aber" fest, dass das empfohlene leider nicht funktionieren wird. Daraufhin versucht der Vorgesetzte möglicherweise mit weiteren Ideen, das Problem zu lösen, worauf sich das Kreativitäts-Hamsterrad immer schneller und schneller dreht: Der Chef wird immer kreativer in der Suche nach Lösungen, der Mitarbeiter wird immer kreativer beim Finden von Haaren in der Suppe. Resultat: Beim Chef stehen bald Schweißperlen auf der Stirn, während die Mitarbeiter sich genüsslich in den Sessel lehnen und jeden Ball mit einem „Ja, aber"-Schlag zurückspielen.

Wo hier auch immer der Nutzen für den Chef liegt, das Verhalten der Mitarbeiter kann ein Indiz dafür sein, dass sie entweder keine Lösung brauchen oder sie selbst finden wollen. Für Vorgesetzte kann sich, wenn sie merken, dass sie Schweißperlen auf der Stirn haben, die Frage stellen: „Habe ich mich um Sachen gekümmert, die nicht meine Baustelle sind?" oder „Gebe ich den Mitarbeitern durch mein Intervenieren das Gefühl, dass ich es ihnen nicht zutraue, sich selbst zu helfen?" Da kein Vorgesetzter seinen Mitarbeitern ein Gefühl von „Du schaffst es nicht" vermitteln will, sind die Rollen und Kompetenzgrenzen immer im Auge zu halten. Mitarbeiter erwarten von ihren Vorgesetzten „angemessene" Wahrnehmung ihrer Führungsrolle. Darin steckt die „richtige" Balance von Einmischung und Nicht-Einmischung.

Für all diese Verhaltensspiele dürfen zwei Chancen nicht übersehen werden. Erstens: Spiele kann man unterbrechen. Wer erkennt, welches Spiel gespielt wird und wie seine Spielregeln lauten, kann für sich eine Strategie entwickeln, um es abzubrechen. Und zweitens: Spiele werden grundsätzlich begonnen, indem ein Akteur dem oder den Anderen einen Köder auswirft, um diese/n zum Anbeißen einzuladen. Wer achtsam ist im Umgang mit seinen Mitmenschen, kann Köder rechtzeitig entdecken und Spiele gar nicht erst entstehen lassen, indem er einfach nicht anbeißt.

# Schlussbemerkung 5

*Chefs können Mitarbeiter nicht motivieren – sie sollen*
*Sorge tragen, dass sie sie nicht demotivieren!*

Welches Vorgehen, welches Rezept bringt Führungsverantwortliche nun zu guten Lösungen oder gar zu einem Happy End? Und wie lässt sich unser Eingangsfall mit Gruppenleiter Amend auflösen?

Die Ausführungen um den Fall Amend sollen aufzeigen, dass es nicht „die" Lösung oder „das" Rezept für Teamkonflikte gibt. Vielmehr wird sichtbar, dass Konflikte in Teams nicht einfach durch simple Ursache-Wirkungs-Regeln aufzulösen sind. Bei Kontroversen und Spannungen zwischen Menschen handelt es sich sehr oft um Situationen mit einem hohen Grad an Komplexität, die mit tiefergehenden, nämlich systemischen Werkzeugen angepackt werden müssen. Der springende Punkt dabei ist, dass jede individuelle Situation zuerst genau (systemisch) verstanden werden muss, um dann – basierend auf gemachten Hypothesen – Lösungen zu „versuchen", also anzustoßen und zu schauen, was passiert. Insofern gibt es „das" Geheimrezept für Konflikte im Team nicht.

Ein Rezept für gute Lösungen existiert allerdings: Es liegt in offener Zuwendung und Neugierde, mit der das Umfeld und die Beteiligten einbezogen werden und in der Fähigkeit, über den Tellerrand hinauszudenken. Darüber hinaus in einer Offenheit dafür, mögliche Lösungen auszuprobieren, sich vorzutasten und immer wieder zu reflektieren, um den eingeschlagenen Weg nötigenfalls zu korrigieren.

Beim Konflikt im Team „Streckenplanung" lag die Auflösung in mehreren Erkenntnissen und Schritten. Konkret hat sich folgendes getan: Zum einen wurde recht schnell klar, dass Frau Neu mit ihrer „verdeckten" Mission, sich um Fuchs zu kümmern, aber ohne offizielles Mandat und Kompetenzen als Teamleiterin nur scheitern konnte. Sie hatte sich mit einer quasi unlösbaren Aufgabe unter Erfolgsdruck gesetzt, ohne die erforderliche Kompetenz klar einzufordern. Damit

© Springer Fachmedien Wiesbaden 2016
H. Lanz, *Konfliktmanagement für Führungskräfte*, essentials,
DOI 10.1007/978-3-658-10595-2_5

hat sie sich mit Fuchs auf einen Machtkampf-Kreislauf eingelassen, in dem Druck jeweils zu mehr Gegendruck geführt hat. Amend hat mit dieser Erkenntnis das Thema Organigramm und Kompetenzen prioritär geregelt und offen kommuniziert, damit für alle Beteiligten die Rollen der Gruppenleitung und der Stellvertreterin, aber auch die Beziehungen untereinander, endlich klar waren.

Des Weiteren hat das Gespräch mit Fuchs, aber auch eine Klärung mit dem ehemaligen Gruppenleiter Kurz gezeigt, dass zu Zeiten von Kurz die Projektgruppe der Verkehrsgesellschaft nicht in zwei Teams aufgeteilt war, sondern alle Projektmitarbeiter durch den damaligen Gruppenleiter direkt geführt wurden. Durch den Umstand, dass Amend, nachdem er die Gruppenleitung übernommen hatte, die Gruppe in zwei Teams aufgeteilt und primär mit zwei inoffiziellen Teamleadern kommuniziert hat, fühlte sich Fuchs arg zurückgesetzt. Bisher war er als Projektleiter direkt dem Gruppenleiter zugeordnet und heute soll er an eine junge, unerfahrene Vorgesetzte rapportieren, die nicht einmal seine offizielle Vorgesetzte ist. Diese Einblicke, sowohl in die frühere Organisation als auch auf die empfundene Zurückstufung von Fuchs, haben Amend dazu veranlasst, die Gruppenorganisation noch einmal zu überdenken. Sicherlich war die Teamidee gut gemeint, aber es stellte sich überdies heraus, dass auch von den anderen Mitarbeitern nicht verstanden wurde, warum „ähnliche" Projekte nun in Teams zusammengefasst würden, wo sie einander doch lediglich „ähnlich", jedoch nicht miteinander verbunden sind. Amend wurde sein Versäumnis bewusst, die Änderungen veranlasst zu haben, ohne vorher mit seinen Mitarbeitern darüber gesprochen zu haben. Nachdem alle Beteiligten in einer Gruppensitzung gemeinsam mehrere Optionen diskutiert hatten, wurden die beiden Teams wieder aufgelöst und Amend hat sich vorgenommen, viel öfter „laut über seine Ideen nachzudenken".

Als Konsequenz daraus ergab sich für Amend, dass er sich künftig wieder seiner ganzen Führungsspanne von sieben Personen zuwendet. Die Sitzungsstruktur, aber auch das Projekt-Reporting wurden gemeinsam auf neue Füße gestellt und die Stellvertretungen für alle Mitarbeiter einvernehmlich vereinbart. Heute führt Amend die Gruppe wieder direkt und er achtet auf die Balance zwischen „Einmischung" und „machen lassen", zwischen „Kollegialität" und „Klarheit in der Führung".

Schlussendlich hat Amend Peer Fuchs in einem persönlichen Gespräch gespiegelt, dass er die Sichtweise von Fuchs nicht teile, dass man diesen wegen seiner osteuropäischen Herkunft oder seines starken Akzentes benachteilige. Es wurde vereinbart, dass er – sobald Fuchs Ansätze zu solchen Abwertungen wahrnimmt – mit Amend das Gespräch wieder aufnimmt, um wenn nötig Klärung herbeizuführen oder die inneren Bilder von Fuchs rechtzeitig zu „reframen", also umrahmen zu können.

All diese Ansätze zu einer besseren Kooperation in der Projektgruppe der Verkehrsgesellschaft wurden als Resultat von Einzelgesprächen eines systemischen Beraters mit allen Beteiligten ermöglicht. Er konnte aufzeigen: „Niemand ist böse, sondern Entscheidungen am Anfang (z. B. Teams zu schaffen) haben dynamische Entwicklungen und Muster gefördert, die sich weiterentwickelten und nun eines Veränderungsanstoßes bedürfen."

# Was Sie aus diesem Essential mitnehmen können

- Wenn sich Dinge nach einem ersten, sinnvollen Anlauf nicht verändern und/oder wenn man wahrnimmt, dass sich das Problem im Kreis bewegt, wiederholt, dann ist eine systemische Perspektive sinnvoll, die alle Beteiligten als Mitspieler sieht, die in ihrem Zusammenwirken das Problem am Laufen halten.
- Wenn Führungsverantwortliche feststellen, dass sie „als Pumpe" selbst mit zum Kreislauf beitragen, kann es sinnvoll sein, einen systemischen Berater einzuschalten.
- Nur eine Unterbrechung und Veränderung der Prozesse und Muster führt zu einer Veränderung des Verhaltens.
- Manchmal wirken systemische Interventionen wie ein Zauber.

© Springer Fachmedien Wiesbaden 2016
H. Lanz, *Konfliktmanagement für Führungskräfte*, essentials,
DOI 10.1007/978-3-658-10595-2

Berne, E. (2002). *Spiele der Erwachsenen. Psychologie der menschlichen Beziehungen.* Reinbek bei Hamburg: rororo.

Lanz, H., & Schaeuffelen, A. (2012). *Warum man jahrelang freiwillig auf Sex verzichtet und stattdessen Rabattmarken sammelt. Ein Konflikt-Ratgeber für den Berufsalltag.* Frankfurt a. M.: Frankfurter Allgemeine Buch.

McCaughan, N., & Palmer, B. (2001). *Leiten und Leiden. Systemisches Denken für genervte Führungskräfte* (3. Aufl.). Dortmund: Verlag Modernes Lernen Borgmann.

O'Connor, J., & McDermott, Ian (2000). *Die Lösung lauert überall. Systemisches Denken verstehen & nutzen* (2. Aufl.). Kirchzarten bei Freiburg: VAK.

Simon, F. B. (2013). *Einführung in die systemische Organisationstheorie* (4. unveränderte Aufl.). Heidelberg: Carl-Auer.

Watzlawick, P. (2009). *Anleitung zum Unglücklichsein.* München: Piper.


© Springer Fachmedien Wiesbaden 2016
H. Lanz, *Konfliktmanagement für Führungskräfte,* essentials,
DOI 10.1007/978-3-658-10595-2